知识生产的原创基地
BASE FOR ORIGINAL CREATIVE CONTENT

颉腾商业
JIE TENG BUSINESS

A little red book about
source

Liberating management and living life
with source principles

源头之道

开创事业与人生的红宝书

[瑞士]斯蒂芬·默克巴赫◎著
(Stefan Merckelbach)
骆骏◎译

浙江教育出版社·杭州

图书在版编目 (CIP) 数据

源头之道 : 开创事业与人生的红宝书 / (瑞士) 斯蒂芬 · 默克巴赫 (Stefan Merckelbach) 著 ; 骆骏译 . 杭州 : 浙江教育出版社 , 2025. 9. -- ISBN 978-7-231-00026-9

I. C93-49

中国国家版本馆 CIP 数据核字第 2025RS5929 号

源头之道：开创事业与人生的红宝书

YUANTOU ZHI DAO : KAICHUANG SHIYE YU RENSHENG DE HONGBAOSHU

[瑞士] 斯蒂芬 · 默克巴赫（Stefan Merckelbach）**著**　骆骏译

责任编辑　赵清刚

美术编辑　韩　波

责任校对　马立改

责任印制　时小娟

出版发行　浙江教育出版社

地址：杭州市环城北路 177 号

邮编：310005

电话：0571-88900883

印　　刷　文畅阁印刷有限公司

开　　本　787mm × 1092mm　1/24

成品尺寸　170mm × 170mm

印　　张　6.75

字　　数　173 千字

版　　次　2025 年 9 月第 1 版

印　　次　2025 年 9 月第 1 次印刷

标准书号　ISBN 978-7-231-00026-9

定　　价　59.00 元

河水浑浊，源头必不清澈。

——波斯谚语

胸中有源，下笔有神。

——法国作曲家莫雷的墓志铭

我明白，重要的不仅是领导者的行为和做事方法，
更是他们的“内在状态”，即他们所有行为的内在起源。

——奥托·夏莫

赞誉
Praise

组织的生命力源于“源头”的觉醒。本书中“人人成为源头”的理念，正是组织进化的核心密码。在组织进化实践中，创始人是战略源头，员工是任务源头，就像溪流汇成江海，每个“分源头”的创造力汇聚成组织的进化动能。

书中“明确方向、协同共创”的智慧与我们推动组织从管控到赋能的探索高度共鸣。它让管理者学会激发团队源动力，让个体找到价值坐标。当组织中的每个“源头”都奔涌向前，便能产生无穷无尽的势能，在变革大潮中铸就生生不息的未来。这本充满实践哲学的指南可以为渴望进化的组织与个体照亮路径，值得每位追光者品读。

薛阳（小飞）

中国组织进化年会发起人

深耕零售监测三十余年，经历了行业萌芽到数据驱动时代，我深知任何事业的突破都始于“源头”的洞察与行动。本书中“源头人物明确方向、协同共创”的理念，与零售监测“从数据源头挖掘价值”的本质高度契合。企业创始人是战略源头，员工是执行源头，就像我们从数据采集到决策赋能的全链条协作。书中“责任激发创造力”的智慧，恰是行业从粗放走向精细化的核心密码。这本凝聚实践哲学的“红宝书”，能够为职场人点亮从行动到卓越的路径。

赵新宇

中国信息协会市场研究业分会会长，捷孚凯（GfK）中国开创者，尼尔森中国区前总裁，《零售监测：数据洞察驱动商业决策》作者

在开放空间中唤醒“源头”力量！作为开放空间技术的布道者，我深知自组织效能的珍贵。斯蒂芬·默克巴赫的《源头之道》与我 2023 年拜访他的共鸣核心，正是“源头”角色与开放空间精神的天作之合。本书揭示了真正的领导力（源头）并非指令中心，而是激发群体智慧、点燃共同热情的“起始点”——如同开放空间中的发起人。它指导我们如何成为“源头”，创造信

任场域，让个体责任与组织目标自然涌现、协同共舞。这不仅能解放管理，更能让组织成为生命能量流动的有机体。这是当下和未来，每位追求自组织效能与深层生命连接的实践者必读之作。

郑晓琼

开放空间技术中国布道者，《乘浪者》《组织进化之路》译者

接触到“源头”的概念已经有十年了，它潜移默化地影响着我对待工作和生活的看法。

我身处欧洲，又从事组织进化教练工作，有机会遇到赫赫有名的彼得·凯尼格及其所提炼、创立的“源头理论”。源头的思想体系非常简洁，“大道至简”，听到的人马上就可以和自己的日常实践相关联，应用起来。

作为“托斯卡纳组织陪伴”在中国的源头，回顾创业历程，我很清晰地记得那个“听到”来自宇宙“天将降大任于是人也”信息的时刻，促成自己坚定地“站出来”将诞生于法国的托斯卡纳组织陪伴体系带到中国。对于“源头”原则里提到的“源头花 80% 的时间在犹豫、在自我怀疑”，我十分认同，这让我释然接纳自己作为发起人，周期性地经历项目下一步不清晰的困惑与脆弱。

我同样把源头的理念带到陪伴组织领导者的教练工作中，它像是一副合适的“眼镜”，很快就可以使组织团队的不清晰变得清晰：厘清谁是什么的源头会很好地梳通组织张力，以及判断一件事该谁牵头拍板。

最有趣的是，对于伴侣关系，我也应用进去：明确我和先生谁是总源头，谁是什么事的源头，有效地帮助我们穿越夫妻关系危机。

有幸通过阅读本书的法文版和斯蒂芬·默克巴赫结识，我秉持着“把好东西带回娘家”的发心，将本书推荐到中国出版。在不久的未来，我也会和斯蒂芬一起通过培训课程把这个话题深化，将我曾受到的“源头”的启迪带给中国更广泛的大众。

郭佳（Jia）

“托斯卡纳组织陪伴”中国发起人

译者序
Preface

“问渠那得清如许，为有源头活水来”，不想这一中国名诗句中“源头”一词如今在管理领域被赋予了一层新义。由于工作的关系，我常和创业型组织以及进行新型管理模式（例如青色范式、自主管理模式等）转型的组织打交道，在一路辅导和陪伴这些组织成长的过程中，我经常发现有几种现象起初不得其解，知道了本书的“源头理论”后才明白，“噢，原来是这样”。

其中一种不得其解的现象常发生在创业型组织中，一方面，当组织创始人想要推动某个他自己很激动的事情而组织中的其他人并没有同样激动时，他非常受挫；另一方面，从组织中其他伙伴的视角来看，的确不太理解这个人提出的东西——表面上可能就只是某个项目或某种变革，可背后似乎有种更重要的东西这位创始人没讲清楚，大家也听不明白。这种双方在理解上的不对等，引发了这位创始人极大的情绪反应。有的觉得像是被浇了一盆冷水有种挫败感，有的表现为愤怒进而开始粗暴地要求其他伙伴必须这么做，有的表现为暗自感伤觉得身边没有能理解他的人转而寻求外部的理解……无论哪种表现，我都可以从这个人身上感受到一种他真心笃信但的确很难被他人感知、理解的东西。而他之所以如此坚持，根本原因在于他感知的那个东西并不完全是他自己这个人想要做，仿佛他在冥冥之中觉得做这个东西对这个世界好，他一定要去做。这种感觉无法用语言说清，所以在不为人理解之后产生了情绪反应。他愤怒后粗暴要求众人服从,实因不知如何让大家理解并同行。

另一种叫人不得其解的现象是，在有些正在引入青色范式或自主管理等新型管理模式的组织中，大家突然发现每人投一票的少数服从多数的决策机制有时不好使了，因为每个人对这个重大决策做下去之后所要承担后果的分量是不一样的。当一个重大决策被执行后，有的人可能会选择离开组织；有的人可能会继续留下来观望一段时间；有的人会愿意继续跟着创始人一起干；有的人（一般是创始人）就算所有人都下车了，他也下不了车，他必须要收拾执行这个决策之后的摊子。如此看来，当初在做这个重大决策时，让每个人都拥有权重均等的一票是不合理的。可是，青色组织和自主管理模式的人性假设就是“人性平等”，如果不给每个人同等的投票权利，不就违背了这一人性假设吗？这其中的自相矛盾颇让人无法理解。

还有一种不得其解的现象，在有的组织里，尤其是较为松散的社群组织或是非营利组织，有些非常想要推动事情的伙伴总觉得组织的创始人在该明确发展方向或在该站出来明辨是非的时候不站出来，让其他想要做事的伙伴叫苦不迭，对这个创始人的软弱大家恨铁不成钢。这些组织中的大部分伙伴通常都是被组织那有意义的宗旨和使命吸引而来做事的，可是组织中的混沌和低效的折磨，让他们心灰意冷，想要离开这样的组织，却又对这个组织所做的对这个世界有益的事留有牵挂。在这两相为难之间，他们不理解那位创始人的所作所为，在该站出来的时候为什么不站出来？进一步地，如何定义什么时候该站出来、什么时候反而不应当干涉大家？以个人好恶习惯为标准显然是不合理的，那应该按什么标准呢？

以上这些令人不解的现象都比较“经典”。每个场景中似乎都包含着一对悖论，它的解也的确并不简单。直到我遇到本书的“源头理论”，以源头理论中的一些原则来思考之后,这些悖论才开始照到解决之光。以本书的理念来看，上述第一种现象是因为一个组织的创始人也是这项事业的“源头”或称“创源点”，他身上可以接收到关于组织在这个世界上存在意义的信息，这种意义仿佛通过某个“信道”直达源头人物身上。那并不是他自己的东西，也不是他自己这个人“想要做”，而是冥冥中有种力量推动着他“去做”，所以他会有种“无法用语言表达”的感觉。他也才会在别人无法理解时产生情绪。这就是本书提到的创源点身上“创业人”角色所具备的典型现象。

上述第二种现象其实是本书提到的源头理论中“主导性”原则与“公平性”原则悖论统一的现象。作为源头存在的创始人肩负着一些“主导性”的任务，例如依据组织的宗旨和使命做出组织生死攸关的抉择、明确定义大是大非等是非黑白的问题，这些都不可以以“共同决策、共担后果”之名推给组织中的其他伙伴来做。他需要在尊重人性平等的基础之上进行这些为难的抉择或判断创始人这时的所作所为，既不是创始人身份也不是他自己，而是一个组织的“创源点”身份，是他身上的一种“源头”在发声，是他直连着某种与组织存在意义相关的信道在发声。由于不是自己身上的“小我”在发声，此时的强势和主导并不会产生负向的作用，反而对整个组织有好处。

再说第三种现象，其实这就是本书第 3 章提到的一种“源头病”：否认。并不是说要这位创始人采取严厉的措施，而是说既然自己是一个组织的创源点，那么就有与之相关的一些担当，在该站出来的时候责无旁贷，不可以以“不干涉大家”为借口，任由自己不作为，哪怕自己身上有想要回避张力的性格弱点，也要克服这个弱点站出来。这种分清什么时候该责无旁贷地站出来、什么时候该放手不干涉之间的悖论统一，也是本书想要阐明的道理。

要理解上述所有这些悖论统一，都需要区分什么时候是自己身上的“创源点”角色在发声、什么时候是自己身上的“小我”在发声，然后才能以身心完整的、悖论合一的状态做到“亲不逾矩、清不远疏、有为有畏”。这就需要我们深入了解和学习源头理论，而这也正是我所理解的翻译本书的意义所在。

本书的源头理论不限于组织管理领域，在日常生活中我们也可以看到该理论的身影。生活中，有人会感觉身边的亲朋好友中有些人在一些事情上特别“固执”，而平时其他时候并不这样。读过本书之后就会理解，往往是因为这个人是那件事的“源头”，由于他接到了源头处的某种东西，让他坚持一定要把那件事做出来。这样我们就可以做到在无法理解对方的时候也能够给予信任与宽容，人与人之间相处会变得好很多。

还有另一种常见的与源头相关的生活现象，在中国文化背景下也常有发生。就是在两人关系中，无论是情侣还是朋友关系，双方关系形成之初一般都是其中一方先采取主动的，发展到后面他会觉得对方怎么一直被动，是不是对方对自己并不看重，这时最先主动的那一方往往会试探性地在一段时期故意先不主动，看看对方会怎样。结果往往都很让人心伤，因为对方也就这样安安静静地不管不问下去了，这让那个原先主动的人非常受伤，觉得自己付出的比对方多，暗自感伤，严重的还就此断绝了关系。

以本书的源头理论来看，两人关系形成之初最先主动涉险求进的一方是“总源头”，另一方是“分源头”，在最初形成时一般总源头总是采取主动的一方，而分源头是跟随的一方。其实分源头愿意跟随，已经表明了在他这方其实也是“主动积极”的，不过是形成了一种觉得对方应当先主动的行为模式。当总源头觉得想让对方主动发起一件事时，应当通过积极而显性的方式将“总源头”角色传承给对方，让对方知道也可以变成主动涉险求进的一方。根据本书提到的源头理论，这种角色变化必须显性地做出，不能以暗地里自己不主动、以期对方主动的方式进行，这样造成的问题是总源头角色没有正式转移，对方并不会变被动为主动。理解这些之后,也许人与人之间的关系将减少很多误解和“错杀”。这些例子说明本书的源头理论也可用来指导我们的生活实践。

我翻译“源头”相关理论文献的机缘并不是从这本书开始的。早在 2018 年我和“青浥舍”社群伙伴一起翻译弗雷德里克 · 莱卢有关青色组织实践的系列视频《重塑组织实践篇：组织进化之旅的沿途洞见》[①] 时就接触到了源头概念。我当时自选的第一个翻译任务是编号为 1.10 集的视频《新型组织的高管角色》，正巧是莱卢谈到“创源点”和“源头理论”的那一集。当时第一次听说，为了翻译这个新概念，专门找到了一个资料网站去学习，然后写了一篇关于源头理

① 此系列视频的中文版将由颉腾文化结集出版，此为该书书名。——译者注

论的文献综述发表在“青浥舍”公众号上。然而缘分并未就此止步，2022 年策划方颉腾文化拿到这本书的英文版联系到我，我接到了这本书的翻译任务。

这本书是源头理论的第一部专著，源头理论创始人彼得·凯尼格没有为该理论写过专著，本书作者斯蒂芬·默克巴赫自打从彼得·凯尼格那里学习了源头理论之后，就与该理论结下了不解之缘，为该理论书写专著的“源头任务”因缘际会落到了斯蒂芬的头上。斯蒂芬对中译本的出版非常重视，在翻译过程中，我将中文译稿发给他，原本只是想给他直观看看他的书用中国汉字写出来在视觉上会是怎么样的，没想到他非常用心地借助翻译工具把中文译稿翻译回英文，然后再与我探讨，由此发现了其中一些由于中英文化不同而可能造成的误解。我与他之间多次就如何对书中的一些表述进行跨文化的转换谈得不亦乐乎，动辄畅谈数小时之久，我们俩一起时而被中西文化之间巨大差异的鸿沟阻隔而绝望，遗憾于书中有些东西很难找到最妥帖的中文来表达，时而又被不同文化之间在人性底层的相通而感怀。我们之间的每一次沟通都跌宕起伏，让我感叹于他的严谨，也感谢这样的对话确保了中译本原汁原味地反映了原作者想要表达的理念，尤其是在一些精微之处。当然，斯蒂芬也在这个过程中了解了中国文化以及中文的表达逻辑，这让他也很高兴。我特别感叹因这本书而与他结下的缘分。

离我第一次接触并翻译与源头理念相关的文献资料已经过去快六年了，现在拿着这份完成了的译稿回望，这段翻译之缘岂非六年前就已注定？在这几年中，随着我在一些组织中所见到的一些现象、所反思的一些问题的增加，有关源头的原理也反反复复地被印证着。尤其近一两年来，有关组织源头的传承问题也在我陪伴的一些组织中开始显著出现。整个翻译过程中，书里的这些原理于我并不是抽象术语的推导演算，书中的每一句话和每一种现象背后都有一个个我在现实中接触着的真实的面孔，我期待本书的内容能帮助他们完成一些不得其解的悖论统一。推而广之，我虽不认识，但在世界某个角落同样被类似现象困扰着的中文版读者，期待本书的内容也能帮助你们完成一些有关源头人物身上的悖论统一。若能如此，也不枉六年前结下的与该理论相关的翻译之缘。

骆骏（Laurence Luo）

于浙江杭州

邮箱：cameed@hotmail.com

推荐序
Foreword

在这个变动中的时代

我不想人云亦云，但我还是想说，我们生活在一个变革的时代。我大半辈子都带着觉知紧跟变革的脚步，站在如今 71 岁的人生节点上，仍觉得这场大变革似乎才露尖尖角。

纵观当今的天下，我承认很容易让人陷入悲观。幸得天赋的垂青，我能感知到自己为何到这世上走一遭的使命，因而我深信，到了我这个年岁的人，已能随遇而安（或宠辱偕忘），然后走向死亡。再然后，如果有身后的“那个世界”的话，死之后我就“从此快乐地生活着”。

我这个信念源于我内心深处，但随着人类意识的进化，我们发现那给我们招致不快的问题和境遇并未如我们所愿地退去，反与日俱增……原因在于我们处理这些问题和境遇的本事也在魔高一尺，道高一丈。以当下的情形来看，未来的情况很可能就是这样了。就眼下来说，我既没有无现实根据的乐观的理由，也没有无现实根据的悲观的理由。

在这个背景下，从年轻时起，我的人生使命就召唤我开始做与“金钱”有关的课题研究和发展，最开始的出发点是想弄清和理顺人与金钱之间的关系，但后来却起到了帮助他人成长的作用。再后来，几乎是非常意外地，我偶遇了另一个于我同等重要的理论课题，那就是大家现在在这本书中读到的“源头”课题。之所以说同等重要，是因为如果说与金钱相关的课题能帮助人更好地与其内在源头打交道的话，那么在如今觉醒的创源点不断涌现的时代背景下，我希望与源头相关的课题能帮助他们在外在世界中创立事业、有所作为。

基于此，我对斯蒂芬·默克巴赫怀着由衷的感激之情，感谢他写下了关于源头课题的第一本重要文献。这本书层层铺排，以他自己的语言准确总结了我这些年来研究的内容。而且这本书的出现本身，正是书中所述源头理论的化身。多年来，随着这些源头理论在千千万万的人身上验证、反复验证，我不时也听到一些批评，说我在传播这些理论时显得有些教条了。所以，我觉得斯蒂芬通过这本书将这些理论亲切精细地讲述而又娓娓道来的做法堪称榜样，没有比这更好的了。

怀着最深切的谢意，我也祝福各位读者朋友，无论是年长还是年幼，处于哪行哪业，所持政见或宗教信仰如何，祝愿各位在把自己最深处的企望转化为现实的过程中都能收获爱意与成功，祝愿各位从此快乐地生活着。

源头理论首创者
彼得·约翰·凯尼格
于瑞士

中文版序
Preface

《源头之道：开创事业与人生的红宝书》来到中国这个幅员辽阔、历史悠久的神奇国度，我非常高兴。我生活和工作的地方是瑞士，国土面积小，但这是阿尔卑斯山麓上的国度，欧洲的屋脊。源头理论之父彼得·凯尼格则是本书源头理论的屋脊，他亲自为本书撰写了序。《源头之道》法语版首先于2019年问世，2020年译为德语版和英语版，现在日语版和西班牙语版也正在出版流程中。我由衷感谢彼得·凯尼格在本书出版过程中所给予的极大帮助，对他的专业性、他的鼓励与支持，我感激不尽。

各位读者现在手中的中文版是基于英文版翻译的，因为我认为英文版译者凯伦·史密斯（Karen Smith）通过她的翻译工作让这本书获得了第二次生命，她的翻译紧扣原版主旨，文字简洁利落，高度还原了法语版的内容。在翻译过程中，我还和她一起丰富了原书的意象和味道，增添了新的色彩，使这本书能更好地为众多英文读者服务，也给中文版的翻译奠定了良好的基础。

本书分三个部分，各有不同的侧重点。第一部分主要讲初遇源头，第二部分讲分享源头，第三部分主要讨论源头的传承问题。

书中的照片是在阿尔卑斯山拍摄的，摄影师文森特·德尔福斯（Vincent Delfosse）是我的朋友。随着大家阅读本书的进程，会看到这些照片所拍摄的水流从最开始泉眼流出，到后面汇成小溪流，再到最后变成大江、大湖，正是本书所述源头人物如何从遵循自己直觉创立一项举措开始，到后面一步步将事业变成现实，创立一个团队直到最终将事业传承给他人的过程的写照。

中文版的问世也是这样的过程，其中有很多人需要感谢。起点是2023年1月我遇到郭佳，托斯卡纳中国分公司的创始人，托斯卡纳是法国一家非常有名的咨询公司。她觉得这本书很好，于是问我有没有兴趣将它翻译出来在中国出版。由于我不知道该从何着手，郭佳又帮我结识了郑晓琼，一位优秀的、来自中国的能量满满的女士，她在瑞士读EMBA，还是开放空间技术在中国地区的源头人物，又正好是本书中文版策划方北京颉腾文化的全球出版顾问。郑晓琼了解了本书后，觉得在中国市场上会很受欢迎，颉腾文化公司也有同感，于是正式开启了本书的翻译出版流程。颉腾文化的版权总监貌晓星与策划编辑李兴协助完成了本书引进的所有流程性工作。在最终定稿前，我还得到了约瑟夫·蒙德尔（Josef Mondl，他有个中文名叫孟德）和耿娜的大力帮助。耿娜是耿氏咨询有限责任公司的创始人，以瑞士为基地从事促进中欧交流的事业，孟德是瑞士圣加仑大学中国研究中心主任，有丰富的跨文化经验，尤其对中国非常有研究，他俩与郭佳在本书付梓前对中译本书稿进行了试读，提出了宝贵的反馈和建议。

最后我想特别感谢本书中文版的翻译骆骏（Laurence Luo），他是青色组织与自主管理模式领域的教练、培训师、引导师和译者，翻译了谢利·弗朗西斯与勇气与新生中心的《勇气之路：有效引领组织，活出真实人生》以及布伦特·洛等人有关自主管理的《重塑领导力》，与本书在理念上有很多契合之处。2018 年骆骏在翻译弗雷德里克·莱卢与重塑组织有关的视频资料《重塑组织实践篇：组织进化之旅的沿途洞见》时，发现其中有一集提到了“源头”概念，他也因此成为将“源头理论”翻译到中文语境中的第一人。对我而言，以专业相关性来说，他是最适合翻译本书的不二人选，我们俩在这本中译版的翻译过程中合作得相当顺畅高效，多次通过视频会议反复切磋书中一些核心概念的本义以及该用怎样的中文来表达，这样的场景至今仍历历在目。当然了，我不懂中文，也无法判断翻译成的中文究竟如何，但他的细微敏锐让我相信他的翻译是靠得住的，相信本书的读者们也会得出这样的判断。

最后，彼得·凯尼格告诉我还有一个人需要感谢，他就是“关系组织及哈格罗夫联合会”（Relationships Organization and Hargrove Associates）的罗伯特·哈格罗夫（Robert Hargrove），他也是《大师级教练》（*Masterful Coaching*）一书的作者，当年彼得·凯尼格正是从罗伯特·哈格罗夫这里听他用“源头”一词来表示一个组织的创始人。如果没有这个最初的起点，没有彼得·凯尼格 40 年来对源头理论孜孜以求的深思和深究，就没有我这本书的出版，各位读者也就读不到这些文字了。

我想特别对中国读者说，本书后面将要阐释的源头理论不仅适用于工作场合，也适用于生活场景，各位在阅读本书时可以同时在工作和生活的不同场景中思考，而且大家最后会发现，将工作、生活中不同的创源性举措打通并连接，将给人带来极大的帮助和鼓舞。而认可自己以及他人在许许多多的工作及生活中的源头角色，能让我们驶向一个具有开创性的人生彼岸，实现人生愉悦和自我完善。这时人生会成为一趟艺术之旅，而“源头之道”就是其中的艺术。要想参悟这样的艺术，我们只有在跌倒和失败中不断尝试、不断学习，才能一步一步前进，所以我们应该现在就出发，我想中国的伙伴们早已懂得“千里之行始于足下”的道理。

祝愿各位读者能在源头之道上顺畅地一路走下去。

斯蒂芬·默克巴赫

于瑞士多姆迪尔

目录
Contents

序章　初识“源头”　/ 001

第一部分　初遇源头　/ 007

第 1 章　谁是源头 009

第 2 章　源头的职责 016

第 3 章　源头病 031

第二部分　分享源头　/ 047

第 4 章　总源头与分源头 049

第 5 章　源头与集体 063

第 6 章　人人都是源头 074

第三部分　传承源头 / 085

第 7 章　时机成熟，传予后人 087

第 8 章　一步一个脚印，把源头传承好 099

第 9 章　传播源头，不求回报 114

尾声　这也是爱的道理 / 121

本书插图的故事 / 127

致谢 / 130

附录 / 134

初识“源头”

那是 2013 年 9 月 25 日，有个名为“创源点”的为期一天的培训课程勾起了我的好奇，于是我懵懵懂懂走进了这个后来给我个人生活和组织都带来巨变的培训。那天只有 3 个人报名参加，但导师彼得·约翰·凯尼格（Peter John Koenig）还是决定开课，这让我们颇感意外。我们因此幸运地全程得到“师宠”，这位导师也引起了我们深深的关注。凯尼格本是伦敦人，长期在瑞士生活，一头浓密的白发告诉我们他已近退休之年。可他那矍铄的眼神、在讲“源头理论”时飞扬的神采，却又明明白白地告诉我们，退休于他而言还是很久以后的事。那天的培训为我打开了一扇窗，一年后我又报名参加了凯尼格举办的另一个为期几天的高阶课程，听他传授他在这个领域的探索心得。自那以后，“源头理论”就一直成为我于2001年创立的“纵标咨询”公司（Ordinata）对外提供咨询服务和培训时一个必不可少的部分，伙伴们通过公司的各项业务，热衷地四处传播这一理论。以今天来看，我们已经很难想象在为客户提供咨询服务时不谈及有关“源头”的理论，而每次在业务中对这个话题的探寻又会印证和加深我们对这一理论的理解，本书便是我们在探寻之路上结出的果实。

如果问彼得·凯尼格有关“源头”的理论起源于何时，他的回答是，与“源头”相关的道理其实一直存在，并不是他发明的，而是他长期观察人们各自的种种人生经历，通过与他们交谈、探讨后发现的。尽管“源头”理论原已存在，但彼得·凯尼格是明确将其提出的第一人，他首创性地为此提出了一些术语，大家在后面章节中会读到。

彼得·凯尼格从20世纪80年代开始着手与此有关的研究，2000年开始对外谈及这些理论，2009年及之后他在魁北克、布鲁塞尔、柏林等地针对“源头理论”进行演讲。起初只不过是就一些具体的实践进行交流探讨，久而久之又发现很多人也有很相似的感受，涌现出的一些规律性现象似乎可以归结成某种理论。

今天，有关“源头理论”的持续研究已发展成一个有很多人参加的全球性社群网络（www.workwithsource.com[①]），我也活跃于其中。

然而，“源头”方面的文献还不多（大家在本书附录中会发现并没有多少内容），大家手里的这本书也是基于我自己和彼得·凯尼格之间不时进行的交流，基于我所参加的一些发人深省的相关培训，基于我和其他学员之间的相互反思及后续研讨而写就的。“纵标咨询”的顾问们在咨询工作中，已将“源头”理论作为我们咨询的一个核心要素，他们是“源头”理论在发展进程中不可或缺的源泉之一，而我与马蒂娜·马雷尼[②]（Martine Marenne）在参与式动力模式（participatory dynamics）方面的多年合作，也是“源头”有关洞见发展的源泉之一。最后，我与彼得·凯尼格之间的谈话让我直达“源头理论”的这位“创源点”，我由衷地感谢他。他为人友善，愿意为我留出时间，与我一起交流，还仔细审阅了本书书稿。

---

① 该网站是以彼得·凯尼格为源头发展起来的与源头理论有关的做管理咨询的一群人建立的网站，用以传播源头理论，该平台的推动者和贡献者是查尔斯·戴维斯（Charles Davies），近期的主要推动和贡献者是汤姆·尼克松（Tom Nixon）。——译者注

② 马蒂娜·马雷尼毕业于布鲁塞尔自由大学，获管理与行政学硕士学位，参与了“非暴力沟通”在早期的社会普及，是法语国家的非暴力沟通社群的主要组织者和负责人，2006 年时开创了“参与式动力模式”的组织治理方法论。这一方法将“人”的因素作为组织构建动力机制的核心要素，在“全员共治”（sociocracy）治理模式的基础上加入了非暴力沟通，是一整套帮助组织在内部人员之间、组织与外部环境之间涌现出集体智能（collective intelligence），从而将组织从机械式的运作模式转化为能协同增效的、具有活性的“有机组织”模式的理念和方法。——译者注

现在大家已经清楚“源头”理念是如何发展来的，也许接下来就会问这是哪方面的理论。在后面的章节中，我将按“源头”自然流现时的三个阶段，请大家一起探寻“源头”理论及其实践运用：先理解“源头”具体是谁，如何迎来“源头”，然后是如何将“源头”分享给他人，最后当时机到来时，如何将“源头”传承下去。现在我们就结束开场白，开启这个探寻之旅。

对了，最后还有一点：本书副书名为何叫“红宝书”呢？我会在本书“尾声”部分揭晓答案。

第一部分

初遇源头

第1章
Chapter 1

谁是源头

“源头”（source）是指一项事业出现之初或在某件事中第一个有所作为从而成为事之源起的人，也称“创源点”（source person）。所谓“有所作为”，可以是参加一门课程的学习、从事一项工作、创立一项事业、策划一个特别晚宴等。可以是这个人最先发起，例如开启一段友情或伙伴关系、开始一项改善居住条件的工程、发起并规划一次旅行、决定要一个小孩等，也可以是由其他人先发起，这个人站出来参与其中——无论哪种情况，只要是主动站出来让某件以前不存在的事得以开启的那个人，在有所作为的那一刻，这个人就成了那件事的“源头”，或称“创源点”。

早在事情源起之前、在“创源点”有所作为的那一刻前，某种“想法”“直觉”“灵感”其实就已经存在了，这个人在自己的作为形成轮廓之前会先听到自己的心声并带着这样的心声踏上了那条“作为”的船。作为“源头”的这个人，虽是最先有所作为的人，却不是想法的缔造者；相反，是“想法”降临到他的身上在直觉中有感知，然后突发灵感。“想法”是天赐的礼物，虽然看上去好像是这个人想出来的、是他内心产生的——某种程度上也可以这么说，因为是他让这个想法“诞生”，是他让这个想法在自己身上成形，是他将其表达出来并向其他人传递——但是，这个“想法”并不是“他的”，不是属于他，而是他接收到的。对这个“想法”，作为“源头”的那个人有种谦卑之心，他知道自己不过是这个“想法”的载体，而不是它的主人。认识到这一点非常重要，后面我们还会再谈到。

作为“源头”或“创源点”的人，不一定是那个最先产生“想法”的人，最先产生“想法”的也可以是他人。这世上每分每秒都有一些极富创造力的人产生出各种各样的想法，但这些人并不会必然地成为“源头”，除非他们有所作为地采取行动并将“想法”转化为现实。产生想法的人虽说并不一定就是将其付诸行动的人，但他们的想法却可能启发其他人采取行动（这是“源头”接收到“想法”的另一种方式）或创立一项事业。在这种情形下，“创源点”是那个有所行动的人，而不是之前产生想法的人。

水从泉眼由地底向外奔涌的意象有助于我们理解“源头”这个概念——

水不会无中生有，总有一个源头，所有事情也都有源可循。理解这条原理就会心生敬畏，当人将一个不由自己缔造（却由这个人来承载）的“想法”有所作为地付诸行动并将其变成现实时——哪怕过程中这个人需要依靠其他人一起把它做出来——这个人所迈出的这一步就让他成了“源头”或“创源点”。也就是说，“源头”是当某种想法降临自己头上时率先有所作为的那个人。

另外，“创源点”除了得到“想法”的降临之外（这本身已是天赐的礼物），他还获得了为此有所作为所需的能量，似乎通过这条连接着“想法”与“创源点”的信道——彼得·凯尼格称之为“源头信道”（source channel）——同时传递过来的还有将“想法”转化为现实所需的元气和能量。如果这个人让想法转化为现实的举措是他的自由意志使然，即他“迎来”了这种始生之力的话，这时会有一种能量在“创源点”体内升腾，他的力量将被点燃，然后充满动力地把想法付诸行动。

成为“源头”或“创源点”分两种情况：有所作为地将某种全新的东西带入现实（这时他便是“总源头”）或加入其他人发起的全新事业中的一部分（这时他便是“分源头”），第 4 章将会详加说明，但不管哪种情况——即便那个想法是他人所赐——只要做出举动是他的自由意志、他的自主行为、他的创造力的真实呈现，他就是那个举动的“源头”。

我们通过一个例子来说明一下。杰登想找工作，他翻看招聘启事，提交求职申请，获得了面试的机会。这时公司是招聘启事的“源头”，而杰登是求职申请和面试的“源头”（没人强迫他应聘）；公司的招聘人员是签发录用书的“源头”，而杰登则是是否接受录用的“源头”。如果他接了，他可能会成为这份新工作的“源头”——听从自己的直觉、通过“有所作为”来把这份工作做好，让工作成为他自己的个人使命的一部分。

杰登一步步成为自己新工作岗位的“源头”，这就意味着：

- 在行动力的指引下，他在公司整个大的框架内对自己这个岗位的职责和决策负有全责。
- 在直觉以及创造力的指引下，对岗位要做的事情产生自己的新想法，又由新想法开启新的行动。
- 享受“源头”这个角色带来的鼓舞和激情，直到某天他觉得是时候将自己这个“源头”传承给下一个人，自己转而将激情另投他处。

在后面的章节中，我们会深入探讨成为某个工作、某个角色、某个领域的“源头”或“创源点”意味着什么，与之相应的职责和关系是怎样的，拥有和可以发挥怎样的力量，从而让“创源点”这个角色充分发挥作用。在进入后面的章节之前，我们来做一些概念上的界定，像彼得·凯尼格一样，我也会先界定一下“创源点”“源头”“源头理论”这几个概念：

“创源点”是将想法付诸行动、有所作为的那个人。

“源头”这个概念可以有两种理解：

- 将其理解为与源头相关的行为人时（主体），“源头”与“创源点”是同一个意思，指的就是将想法付诸行动的那个人，“源头”这个词也可以表示那个采取了最初行动的人（彼得·凯尼格用该词时多为此意）。
- 将其理解为与源头相关的事业时（客体），“源头”可以指这一事业的关键内核，指“创源点”这个人所发起的事业的本质——其所发起事情内核的定义、所发起事情的愿景和价值观（不管发起的是一项事业、一段关系、一个家庭或是一个项目）。这时，“源头”这个词是指“创源点”的事发之“源”，这个“源”的愿景和价值观可以沿着“创源点”角色从一个人传递给下一个人，就像比赛时的接力棒一样。而一个人愿意将自己与这样的内核相连、与之融为一体、在付诸行动的整个进程中一直与之保持联系的过程，被彼得·凯尼格称作人“迎来”创源点角色的过程。

“源头理论”则是指在“创源点”（付诸行动的主体）的行为过程中、在“源头”（行动所指向的本质客体）被徐徐开启过程中出现的一些现象和原理。彼得·凯尼格在研究中发现，作为“创源点”的人将“源头”之事推向成功的过程是有规律可循的，有些坑也是可以避免的，这些规律及现象加上对“源头”和“创源点”的一些观察结论，成为“源头理论”的主要内容。

到此为止，几个术语我们都解释清楚了，在接下来的章节中我们将不再为源头、创源点、源头理论这几个特定概念加双引号。根据源头理论，创源点是指一个具体的人，可以是男性，也可以是女性，为体现这无性别差异，在后面不同章节中指代创源点时，我们会用泛指的“他”指代。

第 2 章
Chapter 2

源头的职责

清楚界定源头这个词的含义虽必不可少，但真正难的其实是如何将其表达的意义体现出来。源头这个角色从定义上看本就是指那个有所作为地将一系列举措开创出来的人，他不可能是那种有想法却不行动的人。行动由他开启，要做的事情从他这里生发，他心中有要去完成的东西——古希腊人用“ergon”这个词来形容这样的感觉，意为“会有所结果的工作、行为或是举措”，比如诗人作诗和画家作画。对创源点这个人来说，这同时代表了一段要走过的历程（过程）和想要得到的果实（结果）。当然，创源点所要做的远比构思诗画复杂得多，也不可能像从宜家买床那样看一看安装步骤图就可以完成组装。他需要开出一条航路，根据一路的跌宕起伏不时进行调整，在航行过程中还要不断校准以回到正确的航路上来。因此，创源点的“作为”同时具备既强韧又脆弱的特点。强的是，有种汹涌的力量推动着他去承接、开发、完成这份作为；弱的是，一路上晴雨难料、天不遂人愿，何况还受制于创源点自身的局限性。要带着这份作为往前走，他既要找到行动的力量，也要与自身的弱点做斗争，处理好自身的局限性。

那么创源点的这份作为包含哪些具体要素呢？这与他身为创源点的三个角色有关：

- 将接收到的直觉（想法、愿景）转化为现实，开启行动与作为，并承担风险与不测。这是其“创业人”（entrepreneur）角色。
- 将行动与作为引向未来，走出一条进化的曲线，不断向大家澄清、沟通接下来应该要走的路。这是其“引路人”（guide）角色。
- 确保在有所作为的过程中，事业的框架（愿景和价值观）得到了遵守。这是其“守护人”（guardian）角色。

接下来详细讨论这三个角色所对应的职责。

1. 创业人角色。如前所述，创源点就是将想法付诸行动的人，彼得·凯尼格发现，一项事业的整个发展周期中，创源点能一直接收到与这项行动相关的想法、洞察、灵感和能量。此外也有需要他承担的风险，因为身闯未知世界，在付诸行动的同时自然免不了风险相随。每个创源点的心中，都住着一位勇直的“愚公”，他对那项事业的信仰，不是来自理智的思辨可以解释的。他周身遍布着一种初生牛犊之气，就像马克·吐温笔下的那句名言——“他们没想过那不可能做到，于是他们做到了”。以身涉险是创业人角色的重要特征，若不敢涉险，他就成了这项事业的阻碍，使这项事业有所残缺。

作为“纵标咨询”的创源点，我回顾公司这20多年的发展发现，勇于涉险和不敢涉险分别对应着我们公司的发展期和停滞期。在发展期的那些举措，往往都与风险相伴，有些举动甚至还是由风险触发的，而停滞期则往往没有这方面的举措。等我回头看，我才意识到涉险是必要的。行动、冒险、发展这三者的关系，在我亲身经历之后，我想说——“不敢冒险”才是一个公司所面临的“最大风险”，哪怕这个公司还拥有一些推动它发展的东西，不再涉险定会加快一个公司的衰落。

涉险本身从来不是目的，追求风险也不会带来价值，可要让发起的事情曲折前进、步入未知的王国，涉险就有价值。发起的事情只是一个开端，肯定需要向新的地方发展而去——哪怕事情本身不新，至少对做事的人来说也是新的，而风险正是新世界入场券上印着的价码。就这一点来说，冒险本身是个投资，所有创过业的人都知道要想挣钱必先投资的道理。这也解释了为什么有些看上去资金充裕的公司其实已危机四伏，因为公司的钱就躺在那里睡大觉，没有拿来为开创未来发力。

创源点要冒的险还不只是钱，他还会在自己的名声、晋升之路甚至工作饭碗上冒风险。另外，他与其他人的关系、自己的健康、自己的身家也都将置于险境。可这正是创源点对他自己所发起事业本身一种深信不疑的体现，也是对他所做事业的一种考验，他在这方面的信心也将积极影响加入了这项事业的其他人。总的来说，正是他对所做事业的“信任”鼓起了他迈出下一步的勇气。

作为公司的创源点，我常问自己：“我现在所做的事情中，还有涉险的成分吗？”

2. 引路人角色。由起点开始，创源点发起的事业将一步步发展开去。身为引路人，创源点需要将它一步步带向生机勃勃、开花结果，而不是枯萎凋零。这个过程中我们要区分两类不同的举措，一种是从零到一生发一项事业的首创之举，另一种是在首创之举之后将这项事业的发展演进下去的一系列后续举措。首创之举是指开始了一项事业（例如，承担一项新工作、创立一个企业、创办一个邻里社群、向某人求婚、买下了一艘船等），后续举措则是指将这项事业按最初宗旨分享出去所必不可少的动作。

由此开启的新的每一步（无论是由创源点还是由加入者，或是由他们一起走出的），都需要从这一个源头流淌开去。总之，引领这个徐徐展开的过程是创源点的职责所在。在这项事业从无到有生长出来的过程中，他是创业人的角色；现在，他又需要以引路人的角色为此设定航路，向着最初设定的里程碑驶去。这也是顺理成章的，好比手握画笔的画家在画布上画了最初几笔之后，需要继续在上面作画直至作品完成。创源点让一项事业从无到有诞生出来之后，也需要统驭后续的发展之路。而且作为源头，他必须自己把这个角色担当起来，其他人都担当不了。

这个引路的过程包括按照事业的愿景为次第展开的后续动作指引方向，确保这个过程能持续走下去，其中又包含两方面任务：一是厘清下一步要怎么走，二是向参与了这个过程的其他人沟通和交代清楚。弄清楚下一步要怎么走绝非易事，因为创源点其实自己也是未知的。有时他什么也做不了，只能静静地列出所有可能性，直到有清晰的图景浮现。需要为这项事业引路而自己也不知道方向，这时创源点常常会陷在无从决断的迷雾之中，在各种可能性里徘徊。当他不能清楚地判断时，也只能等着，期待更多信息的出现。当他对走错一步可能造成的后果焦虑时，自己也不知道要怎么办才好，还会因

此抑郁……如果你发现自己身上出现了这样的现象，那么恭喜你，说明你已经加入了“创源点的群”！一个人对自己产生怀疑很正常，创源点也会。他们同你我一样都是凡人，不是魔法师，也不是超人，更不是下凡的神，他们同样在黑暗中一边探索一边指路，这对每个人都非易事。

在创源点厘清下一步该怎么走的过程中，有三个工具可以帮助他：让直觉发声、用洞察反思、与他人对话。我们分别阐述一下。

作为引路人角色的创源点会本能地依靠直觉的力量[①]。早在从无到有创始事业之时，创源点不就是靠着自己对直觉的相信走过来的吗？经历了最初的那些事之后，他会在整个事业周期里，一路上一直不停地接收新的想法、灵感和愿景。但直觉这东西是天赐的礼物，不是想要它来就会来的。创源点可

① 关于“直觉”与“源头信道”之间的关系：当我把自己这本书的法语版寄给侄女卡拉·霍本（Carla Houben）之后，意外地收到了她回寄的另一本书，书名让我若有所思，是约瑟夫·贾沃斯基（Joseph Jaworski）写的《源头：知识创造的内隐之路》。书中谈到的一些观点与彼得·凯尼格有关直觉、源头信道等理论有异曲同工之妙，让我颇为震惊。约瑟夫·贾沃斯基是在与奥托·夏莫（Otto Scharmer）及其他麻省理工学院的同事关于“U 型理论”的研究中得出这些观点的。“U 型理论”是发人深省的理论创造，其中提到的“本源”（Source）正是位于“U”型底部的存在，当人放下很多外在的东西到达 U 型底部后，便会与觉知的本源产生微妙的连接。约瑟夫·贾沃斯基的这本书在试图回答两个根本性的问题：“当人需要行动时，获取相应知识的能力源于何处？关于这种能力我们能够在个体层面、群体层面上进行锻炼和提高吗？”

以做的，是为直觉的产生创造条件，比如暂时给自己按下暂停键，到自然中去感受安静的呼吸或祈祷；给自己一些时间，出门做运动，去徒步，甚或是洗个热水澡等。变换自己的状态，在自己凝视前方的时候，说不定直觉就来了。有了直觉并不意味着接下来的路就会变容易，还需要采取一些做法让下一步变得清晰。

其中一个做法是“反思”，即自己一个人把思绪整理清楚。可以留出专门的时间（甚至可以在日程表上专门为此计划出来）来思考所做事业接下来该如何向前的问题，这是个创源点通过与“源头信道”再次连接，然后集中精力思考该如何走的过程。为了创造让直觉发挥作用的条件，可以选择一个既能激发自己的灵感，又能集中自己注意力的地方，比如在森林里找个地方坐下来思考。有的人可能会觉得这么做心里有点过意不去，在事业的重要关头，自己还在那里放松休息，没有认真工作。其实大可不必这么想。反思中涉及的问题，都是身为创源点需要去思考的，没有比这更辛苦和更值得花时间的工作了。为了给这样的反思留出时间，我会在自己的工作日程表上专门预留这种“自己一个人开会”的时段，我称之为“源头专属时间”。

另一个做法是与他人对话。人从根本上看都是关系型动物，当创源点弄不清下一步路时，很自然地会去找其他人讨论，问他们有什么看法、反馈、建议，甚至听相左的意见等，一起讨论下一步该怎么走。这个讨论的过程，也是创源点将自己在个人反思时所思考的东西与大家分享的过程，可以是两人对话，也可以是多人一起讨论，或是将两种形式结合起来，集思广益。多人一起讨论可以放大集体智能，人的观点相互激发，最终产生一加一大于二的效果。与他人对话并不意味着要创源点采纳所有人的观点，而是通过这个对话过程让自己的愿景更加清楚，对如何走出下一步更加明白。对话鼓励不同思想的碰撞，而这正是创新的源泉，能让大家从一些固化的模式中跳脱出来，迈出新的步伐。聆听直觉声音的过程是创源点一个人自己进行的，清晰感的浮现相对快；与大家一起对话的过程则会相对慢一些，清晰感是在创源点头脑中慢慢地浮现的，在与大家对话的过程中，到某个时点，他才会突然觉得浓雾完全消散，疑虑也随之而去，然后他看清了下一步该做些什么，虽说明知可能还有些风险。这时，在他“引路人”角色的帮助下，他“创业人”角色中敢于以身涉险的一面就又出现了。

一旦想清楚了下一步，创源点就要进入这个角色的第二项任务了：把通过对话、反思、直觉得到的清晰的思路向其他伙伴沟通清楚，包括直接参与这项事业的伙伴或是在下一步动作中将要涉及的人。彼得·凯尼格曾说过，创源点要想让其他人跟他一起走下去，其实只需要做一件事，那就是把他自己很清楚的那个点交代给其他人。这并不是其他人在盲从创源点，在上述对话过程中，大家已经充分表达了自己的不同想法，就这项事业的愿景来说（最开始大家自主选择加入这项事业时就已经对这个愿景有了认可），大家肯定能理解现在创源点对下一步怎么走的具体想法。我在很多机构和组织中见证过这一幕，每当创源点毫不含混地把他已经想清楚的东西表达出来时，其他人会自然而然地跟随——哪怕表达出的下一步动作并不完全基于理性也没关系。更震撼人心的是，此时创源点不仅会把这种清晰感传达给他人，还会传递出一种把事做成的能量，就仿佛创源点从源头信道获取了满满的能量，然后去给他人播撒激情的星星之火。

但如果创源点本人不擅长沟通怎么办？这种情况下可以借由其他人来完成这种沟通，但所沟通的内容依然源自创源点。彼得·凯尼格发现，这个帮助创源点沟通的人，往往会成为这项事业的二号人物。

3. 守护人角色。如上所述，创源点借助直觉、反思和对话来完成引路人角色，培育着所发起事业的生发和成长；而作为守护人，则需要确保这个生发和成长的过程始终没有偏离事业的灵魂。

作为引路人角色，创源点从细处琢磨着事业的下一步该怎么走；作为守护人角色，着手绘制的则是大图景、大全局。创源点作为事业发起人在迈出有所作为的第一步时，也会因为他这个想法、直觉、灵感的驱动而把事业向前推进。随着事情的发展，创源点会慢慢形成关于这项事业要往什么大方向推进的愿景，包括方向上（事业的宗旨、终极目的——这是关于这项事业“做什么”和“为什么”）以及过程上（如何将这项事业推进到终点——这是关于途径和总路线的“如何做”）两个方面。包含宗旨和途径的愿景框定了这项事业的红线，既引导着事业向前发展，也为创源点以及加入这项事业的其他人定下了基调。不过愿景并非毫不可变，它更像是引导人们走出迷宫的红绳，反倒要不断进化才行，因为要想为这项事业护航（宗旨），创源点就一定需要不时地调整途径和手段（过程参数），尤其是在事业的外部环境发生了出人预料的巨变时。

最近发生在瑞士的一个案例说明了这一点。瑞士颁布过一项新的法律，要求宠物狗必须参加服从性训练的培训，主人才能合法养狗（此前法律没有强制规定）。这一规定让驯犬机构不得不根据攀升的业务来进行调整。几年后国家又取消了这项强制规定，于是驯犬机构又不得不再次调整。这时有家宠物培训机构觉得，驯狗已成为大家的习惯，故而法律环境的变化不会导致他们在事业宗旨上的根本变化——于是这家机构的创源点成功根据环境的变化调整了业务（“如何做”），又没有偏离他们事业最根本的“做什么”和“为什么”。

需要明确的是，只有创源点才可以变更一项事业的愿景。虽说通过对话、直觉、反思，创源点会做出变化和调整（即事业的下一步），但是却不可能由其他人来强迫创源点变更事业的愿景。从另一面来看，正是由于创源点“一人独揽”了变更事业愿景框架的权力，身上也肩负了全程为之操劳的重任。

一项事业的内核和灵魂不仅反映在创源点看到的愿景上，也反映在价值观上。价值观相当重要，像行为准绳一样约束着参与事业的人的行为，是人们行为的边线。价值观为这项事业中人的日常具体行为提供了指引，事实上，这种随创源点在创始之初而来的价值观一般就是大家在事业中如何做事的共同蓝图。我们有一个在工业领域做业务的客户，他们公司的创源点将“做事从速”作为一条价值观，这并非是他自作主张的想法，而是公司所处瞬息万变的市场环境要求的，他们必须快速响应。公司每一个人，从工程师到管理人员，从一线工人到科研人员，从部门总监到保洁阿姨，都需要体现速度和敏捷的价值观，这就是这个公司的味道，而他们公司也只有做到迅速敏捷，才能在那样的环境中生存下来。

价值观也是组织在文化上的反映，无论是显现在文化中，还是隐含于文化中，都像黏合剂一样，是一个公司或一项事业中必不可少的东西。而且，这些价值观也反映了创源点个人的价值观，在创始之初就深深烙印在事业的DNA里，此后在事业发展的全程一直激励着参与事业的人，被创源点吸引而来的人都共享这些价值观。那么是不是说一项事业的价值观都是从创源点那里过来的呢？这只是一种可能，也可能是他邀请其他参与者一起讨论出来的（这也是“与他人对话”的内容之一），但如果是与大家一起讨论，只有创源点自己也真正有感觉的东西，才有可能成为事业的价值观。也就是说，只有在他能确信团队制定的条款与他自己所认定的价值观相一致时。还有另一种情况，创源点觉得事业的价值观不是从他身上来的，而是在他最初感知这项事业的想法、直觉、灵感时就已经存在了，这时他只需要跟随这些价值观就行。无论是上述哪种可能，都要由创源点来辨识并注入事业，并确保人人敬畏于此。

明白以上说的这几点之后，彼得·凯尼格告诫我们要留心“共享价值观”（shared values）这种说法。如果价值观是由参与一项事业的人与创源点共同来讨论的，那么一定不可以用“最小公约数”的方式来定义所做事业的价值观，并美其名曰“集体共创”。一项事业的价值观是大家“共享”的，并不是因为大家“都举手赞同”而认可，而是因为这些价值观是“这项事业的”价值观（而这又脱胎于创源点的价值观），是因为加入的人本来就对这些价值观产生了共鸣——他们是因为这些价值观符合自己的观念才加入这项事业的。换言之，创源点和其他参加这项事业的人之所以觉得这些价值观是他们的“共享价值观”，不是因为“一起制定”，而是因为早在他们一起讨论并诉诸语言之前，就已经有了对这些价值观的共鸣。当然，如果说这个讨论的过程提高了大家对此的认知，也是件好事。

一项事业的愿景可以因时而易，价值观却恒常不变，哪怕创源点将其源头身份传承给后任者，也不会变。价值观构成了一项事业的永久标识，像历史波涛之下的定海神针一样，历经一个个王朝的更迭而始终不改。价值观是一项事业最根本的内核，价值观改变了，事业就会完全变一副面孔。

愿景和价值观两者一起构成了事业初起时的灵魂，它就像一项事业的DNA，在本质上回答了自己是谁、宗旨是什么的问题（“做什么”“为何而做”）。愿景和价值观一起锚定了一项事业的框架，而锚定框架正是创源点的主要责任。这也解释了我们为何有时会看到有些创源点会在事情违背宗旨、偏离价值观时强势地介入（而平时这位创源点是一个非常看重大家共识的、不强势的人），这正是创源点秉持对事业负责的出发点，以守护人的角色在发挥作用。

现在我们已经明确了创源点的三个角色，接下来我们来给创源点这个概念下个一句话定义：创源点是接收一项事业最初想法和愿景的那个人，在事业创生过程中顶着风险迈出有所作为的第一步的人，他担当着将最初的想法转化为现实、明确下一步行动且在这个过程中确保这项事业的价值观和愿景得以遵循的职责。

创业人、引路人、守护人几个角色加在一起，不就是一个“负责人”该有的样子吗？各位在负责一项事业的过程中，这三个角色做得怎么样？请先花点时间好好思考一下，再继续阅读后面的章节。

第3章
Chapter 3

源头病

在大自然中，水源暗藏于地表之下，后来由于地壳开裂或位移形变，地下水源顷刻化作喷涌的泉水，自由流淌到了地面上。这个过程也可以用来比喻发生在创源点身上的事。创源点身上的技能、性格、人生经历就是一片沃土，顷刻间某个想法突然降临，在这片土地上生发，如泉水一般奔涌，淌出了一条河道。是创源点让那项想事业得以生发成形，流经沟壑起伏的大地（这是开创和涉险），在需要时转向改道（这是下一步如何走的疑虑升起了）。流水滔滔不绝，自由地向着海拔渐低的地方奔流而去。创源点也一样，首创一项事业，然后让它欣欣向荣地发展开去……不过这有个前提，这个人需要对自己身为创源点的角色职责以及由此带来的机会有所认知，需要带着觉知把自己的角色职责活出来。

行家里手和业余爱好者之间最大的区别是什么？有这样一个说法，业余爱好者懂得“什么可为”，而行家里手还懂得“什么不可为”。依此来看，在很多情况下我自己作为创源点角色顶多只够算个业余。创源点只知道该有哪些作为还不够，还要知道不可为的事——关于这部分，彼得·凯尼格很确切地（也有些毒舌地）称之为“源头病”。

一个创源点没有履行自己的职责，或没有很好地履行职责时，会对所创立的事业、开创的部门、形成的关系、发起的项目产生直接的负面影响，且影响深远。这是因为创源点既然能成为所创事业最大的推动者，那么也能成为最大的阻碍者。

那如何才能变成行家里手呢？首先要对自身的短处有自知之明，然后再设法补救。我们下面就来看看让创源点“染病”的“病毒”有哪些。

1. 否认。无论是从“感染”人数，还是从对所创事业的影响程度上看，首先要谈的都是这种病，这是一种不承认、不担当自己的创源点角色的病。这种病导致很多公司和机构、很多创立出来的事业备受摧残，更不必说给他人造成的痛楚和给事业造成的损失了。而这些，如果创源点能够看清自己的角色、把职责担当起来，都是可以避免的。

有时，人人都知道谁是创源点，可他偏假装不需要有人出来主导，导致他所立的项目、所开创的团队和组织因此猛踩刹车。这时大家都会带着困惑的眼神看向那位创源点，或用一些半开玩笑的话去刺激他，就是想要他给大家指示下一步做什么。如果各位作为创源点也曾有过这样的经历，就知道由此接二连三带来的负面影响有多大。我想起自己多年前在一个公益组织中，假装自己不是创源点的那不堪回首的往事和那种自欺欺人——在那期间，组织的议事委员会不知浪费了多少时间，又经历了多少让人筋疲力尽的叫人心痛的挣扎。之所以会走到这一步，是因为很长期以来他们都得不到引路人的指引，得不到守护人关于边界的锚定，也没有创业人在其中涉险求进。好比一架飞机上没了飞行员，或者说，飞机上的飞行员睡在了操控台上。

这话也许说得太过了些，一个身陷“否认”陷阱的人可能在最开始时也是充满激情的（我就是），但由于种种原因后来热情渐失，有时可能是因为这个创源点觉得自己不太想一直持续担当这样一份责任——或是觉得自己的能力不够，无法引领别人，或是觉得自己创立这个事业的初衷并不是让自己陷入今天从早忙到晚的境地。

这个病怎么治？首先，创源点发起一项事业时，需要对自己当时当下的这种“开启”有所认知。比如说我，一想到过去在这一点上犯过的错，我就会在后面每发起一项新事项时认真对待自己作为创源点的角色。

创源点否认自身角色的时期越长，修正这个负面影响所要花的时间就越长，过程也越麻烦，那个人所要完成的内在功课也越多，才能去除自己身上相关阻碍性因素——可能是性格上的问题（想偷懒、习惯性的自我怀疑、不自信等是常见的阻碍因素），也许是受制于限制性信念（“我的能力不够”“我的点子没什么创意”“其他人可以做得比我好”是常见的限制性信念），又或许是需要面对一些恐惧（怕失败、怕冒险、怕把事情做得太大了或做得太小了、怕落人褒贬），或许还有一些自我投射需要被重塑（“创源点行使职责就是想争权夺利的表现”“向大家沟通下一步该怎么走是对大家的操控”等）……不同创源点的内在阻碍因素各不相同——不过从这一点看，人为了逃避担当还真是“无所不用其极”。

对开创一项事业的人来说，这些个人弱点迟早都要面对，而勇于担当创源点角色的行为本身，将自己的弱点在大家面前摆出来，已经是极重要的一步了。这些弱点人人都有，这也是生命的一种邀请，邀请我们去面对它们，纵使无法根除，至少也要削弱其破坏力。

通过与他人对话或通过一些练习，可以慢慢地正视自己的创源点角色，学会创源点该有的担当。面对这些顽疾时，与他人交流、得到他人的支持，可以更好地帮我们用好源头理论，并让这些原理与自己融为一体——别忘了人是关系型生物，有些东西需要与他人一起来面对。

说到底，一位创源点为了使自己所创事业走向成功所能贡献的最伟大力量，正是去处理这些内心的纠结。这是一个人深度自尊自爱的体现，所以他才能在“创源”这个人类特有的、崇高伟大的、开创先河的事情上让自己走向自我实现，将一个原本不存于世的东西带到这世上来。

2. 暴戾。创源点第二个主要的症状，是把“源头”角色做得过犹不及。生这种“病”的创源点会认为自己对所创事业、事业的发展“拥有主权”，却不明白自己不过是这项事业的“容器”而已。彼得·凯尼格就说，从表象上看创源点像是发令官，一项事业的愿景他明了于心，由他告诉别人一步步怎么走，但这个过程不该以暴君式的颐指气使、践踏他人的方式进行。

如果创源点也恰好是所开创事业的法人或主要投资人时（当事业是以公司形式存在时）这种源头“暴戾病”还更加严重，他会误把他的“自我”和“创源点”混淆成同一件事。这时创源点这个角色所具有的一些特殊权力，已不再是一种责任与担当，倒成了人自我膨胀的膨大剂。从心理学的定义看，

“ego”（自我）这个词原本表示的是一个人彰显出了自我的意识，是很健康的东西，甚至是平衡一个人个性时不可或缺的东西[①]。但本书这里用的“ego”是贬义，是平时大家说的“小我”[②]的意思，指英文单词“egomaniac”[③]中“ego”所表示的一个人自大的意思。

一个人在源头角色上做过了头，反倒会让他发挥不了源头职责，因为这样的人并不是在为一项事业服务（一位创源点理应如此），而是在让事业反过来为他个人的意图服务。

---

① 精神分析学家弗洛伊德在其人格结构理论中提出，人身上不同的“我”按意识和潜意识的形成与相互关系分为本我（id）、自我（ego）与超我（super ego）：“本我”（完全潜意识）代表欲望，受意识的遏抑，“自我”（大部分有意识）负责与现实的世界斡旋，而“超我”（部分有意识）则是一个人良知或内在的道德判断。弗洛伊德认为一个人健康个性的形成，是这三个“我”相互平衡的结果，所以本书作者在此处说，“自我”是平衡一个人个性时不可或缺的东西。——译者注

② 在中文语境下，“小我”这个词的意思是指一个人“我”当中的更加关注个人利益和欲望、更强调个人利益和个人自由、较少考虑集体利益和他人需求的自我表达，小我重利、重物质、重欲。与之相对的是“大我”概念，指一个人“我”当中的更加宏大和利他的自我表达，强调集体利益和他人利益，较少考虑个人利益和欲望，大我重义、重精神、重社会责任和他人福祉。大部分情况下，中文语境下的“小我”对应的英文单词也是 ego，这样一来，英文 ego 一词对应到中文里就有了“自我”（上面译者注中心理学意义上的“自我”之义）和“小我”（本条译者注中的释义）这两种解释，但在英文里却是同一个单词，因此原作者此处特别说明本书中的 ego 是指“小我”的意思。——译者注

③ 意为“自大狂，极端自我主义者”。——译者注

我们都见过独裁式的人物，时时强出头，脾气说来就来，暴虐说到就到。这样的人什么都想控制，与他们合作的其他人几乎没什么空间，他们自己定的规矩却恣意践踏，他们信奉“有些事我可以做但你不可以，你就是要按我说的去做”。他们口中宣扬的、听上去是那么回事的东西，自己的言行却与之背离。这种病态让他们这样的人只能听到小我的嚣叫，听不到源头的妙音。

在他们这种暴君做法之下，反倒说明他们没有参透“源头与生俱来自带权威”[①]这一事实,也没有多少“源头性”的自信。他们将自己身上的个体弱点投射到“源头”的身上，以为这么做可以遮掩弱点和短板。他们生怕身为创源点的自己不够强大，于是代之以一种不可一世的自大。这样的人不会使用源头这台“发动机”：他们用的是一台“自大牌”油老虎发动机，却不知有个浑然天成的、用自然光就能发动的强大光伏发动机。所以你看，由此产生的“尾气”还造成了“雾霾”。

更为叫人心碎的，恐怕还是创源点原本所开创的事业、项目、生意、关系，也都因此未能发挥全部的潜力。

---

① 这里的“权威”的英文是 authority 一词，本书有特别的定义。第 4 章介绍了“权力”（power）与“权威”（authority）两者之间的关系。——译者注

这种病怎么治？和上述“否认”的病一样，也需要当事人好好处理自己个性中的一些问题，包括履行创源点职责过程中投射出来的没有自信、错误的前提假设、恐惧、限制性信念等。有时的确也需要当事人先在事业和关系中饱尝这些痛苦，然后才能最终唤醒他，让他真正地从内心反省。走在这条内在蜕变路上的创源点，仿佛走在一条朝圣的路上，毅然决然紧握朝圣杖的他们，终有一天会彻底地蜕变成灼灼其华同时又心有谦卑的个体，成为一个富有力量的源头。而他们所发起的事业，也因再次得到源头活水的滋养，再次对外焕发出感召的力量，这将是他们完成蜕变的瑰丽佐证。

在穿越“小我”的大漠，寻找真正的源头的过程中，创源点开始真正了解自己、开始真正面对自己的短处，这是一种很不错的状态。就像斐理伯·内利[①](Philip Neri)说过的那句祈祷词“主啊，你可要小心‘斐理伯’这个人”。同样，对创源点来说，这句话可以写成:“源头啊，你可要小心‘我’这个人。”

源头的“暴戾”还有另一种表现，除上述这种过犹不及的情况外，还有一种发生在别人身上的被称为“篡夺源头”的情形。染这种“病”的人（通常是无意识染上的）意欲篡夺创源点的地位，他们一步一步占据创源点的角色，

① 斐理伯·内利（1515—1595），意大利天主教神父，是反改革时期的杰出神秘主义者之一，毕生致力于恢复罗马当地教会的活力，成就显著。——译者注

意欲取而代之。当然，这注定徒劳，因为一项事业之源，只在于真正创源点的心中，源流也只会经由他自由流淌出来，他人无法强取，因而创源点这个角色也不可能被夺走。例如作为苹果公司源头的史蒂夫·乔布斯，一度被迫离开自己创立的公司11年之久，但顶多也就是这样而已。人们可以将一个创源点排除在他所创立的事业之外，可就算这样依然不改变他仍是那项事业的源头，除非他自主地将创源点角色传承给下一个人。

篡夺者有所不知的是，“源头”与“创源点”这个人是一体不可分割的，篡权夺位注定徒劳一场。篡夺者有时会巧妙地跻身到与事业有关的决策中，占据有影响力的位子好夺取“权力”，让自己的声音彰显于各处，时时鼓吹自己是一个源头的存在，还会在总源头未做安排的情况下明目张胆地攫取某个“分源头”角色。

篡夺者搞得仿佛自己才是主角一样，将自己的意志强加在那项事业之上，显然他（同上面的“暴戾病”一样）也患上了自大症。不过这种情况，只有当真正的创源点确实不亲自处于事业中或在行为上不作为时（即创源点患上“否认病”）才可能得逞。正是创源点的不作为让这种抢劫者有可乘之机。也的确，篡夺者敢于这么做之时，往往也都是真正的创源点不作为之际。篡夺者的僭越之举虽是徒劳，却也会让事业泛起浑水、造成伤害。

最有效的防治手段就是真正的创源点站出来，当仁不让地、自信不疑地担当起来。至于篡夺者，与其窥伺他人的创源点角色，不如好好地去寻找自己能成为什么事情的真正源头。

3. 逃避、不作为。创源点的第三种病是，虽承认自己的创源点角色，却没有这个角色应有的作为，罔顾这个角色要做的如聆听直觉声音、涉险求进、澄清如何走下去、守护事业的愿景与价值观等事。

这种状态下的创源点，会阻碍他创立的事业释放不出全部的潜力。更糟糕的是，长此以往，他所创事业会进入一种“生存模式”。

用不了多久，那些原本充满热情的推动事情的人，都会离他而去，去其他地方寻找更有意义的事做。取决于残存的能量还有多少，这项事业或早或晚都将终结，除非创源点能及时从这种躺平状态中挣脱出来。

每个创源点，在作为源头的全过程中，都有可能会犯这种病。人人都有发动机空转、失去动力的时候，但出现这种情况，及时作出反应会有助于缩短这个时期。

诚然，创源点自己在全身投入源头角色的工作时，会面临难以克服的障碍，其原因与上述“否认”的人相似，所以这里开出的药方也一样：通过自己个人内在的功课或通过与他人对话来修正自己的个性、处理限制性信念、面对恐惧、处置投射等。此外，还可辅以下述“治疗手段”：

- 通过内在意愿来扮演好创源点角色。对创源点角色的担当，不是一种外在目标，而是人身上的一种内在意愿[①]，人要不断地触碰自己的内在，这种意愿才能常碰常新。意愿像开关、像点火器，由它产生的火花能让你发起的事业向前进。
- 放下具体事务，思考事业的愿景、明确接下来要怎么走。如披头士乐队在歌中所唱：“让你的大脑歇一会儿，放松自己，随波逐流——我们不是在死去……”[②] 我自己会专门留出时间精力，自己一个人或通过与他人对话，全身心地进行创源点角色相关的思考。让自己慢下来、让自己的视野宽起来，以“源头之眼”看事情，看到自己作为创源点所具有的价值：那些其他任何人都无法替代、只有自己这个创源点才能

① 关于“外在目标”和“内在意愿”：2017 年我写了一本关于“纵标咨询”公司的书（有法语版和德语版），提出了我们需要的是“意愿管理”而非“目标管理”（这是目前主流的管理手段）的说法。“意愿”就像源头这个概念一样，也是一种从人内在流淌出来的东西，相比作为人身外之物而存在的“目标”（往往都是由当事人自己设立或是被他人设立）更能激励人、更能让人产生效率。参考 *Le dit d'Ordinata : réflexions sur l'exercice d'un métier insolite*（2017 第二版）一书，29~33 页。

② 这里引用的歌词来自披头士乐队的歌曲《明天永远不会知道》(*Tomorrow Never Knows*)，原文是：Turn off your mind, relax and float downstream—this is not dying...”——译者注

去做的事。需要这么做时，我会暂时先把日常具体事情委以他人，以便自己能对创源点这个角色保持一种高度的注意。

- 快乐地承担源头的责任。英语“responsible person”（负责人）这个词，从词源上看是指对事情肩负着某种响应（response）之责的人，创源点身上肩负着一个最初的想法，他第一个站出来有所作为，这是他对那个最初想法的一种“响应”；在这之后，当他想清楚接下来该怎么走时，又是他对“往哪走”这个难题的“响应”；最后，作为创源点，他对整个事业关于愿景和价值观、关于行经的路线、关于与哪些人一起、关于如何具体开展行动等方面也都要给出恰如其分的“响应”。比方说，如果接下来需要涉险求进，那身为创源点给出的响应就是以身涉险；如果接下来需要再往前走一步，那他就响应以迈开步子；如果是需要劝退一位伙伴，那就响应以快刀斩乱麻；而有些时候眼下什么都做不了时，那躺到草地上去休息也是他的一种响应。

为何要快乐地承担源头的责任？那是因为人在将一个内心的答案活出来的过程中，只有心中那份快乐轻盈才能给我们带来从容优雅与生机勃勃。也许还需要一些训练我们才能做到，但也只有这样才能将创源点要做的事业转化为“艺术”。

我们最后再来总结一下这几个源头病，这些病阻碍或削弱了创源点发挥的作用。以上我们对各种病症是一条条单独分析的，但并不是说这些病症的真实表现会如上面所写的那样清晰——现实中，这三种病之间会相互交错杂糅。其实身为创源点的人，多少都有“否认”的时候，也都有“暴虐”的时候，而且要知道，不只你，其他很多创源点时不时也会“躺平”，是不是？

我们将创源点个人在角色上的投入程度从 0%（这是“逃避、不作为”）到 100% 都以“小我”投入其中（这是“暴戾”）之间想象一个区间，创源点需要在其中定位自己；另有一些创源点甚至都不承认这段区间的存在（这是“否认”）——我们以此模型来说明，好的定位意味着，需要在不承认这段区间存在的“不作为”与过犹不及的“暴戾”的两个极端之间，找到一个合适地方。亚里士多德说过，“中道即美德”（亚里士多德是公元前 4 世纪的希腊哲学家，该思想见于他的《尼各马可伦理学》），他认为“中道即是完美，而非平均”。中道就好比让我们沿着“远不可及”和“过犹不及”两者之间的山脊线行进，偏走任何一边都将坠落悬崖。要在这种状态下前进，或在坠落之后又爬回来，对每个创源点来说都是一个不断“执两而用中”的过程。创源点需要通过努力，孜孜不倦地走在那条中道上。

承认自己创源点的角色，以此将自己内心的天平摆在美德的中道上，这将为你所开创的事业、你所发起的项目、你所参加的工作、你所形成的关系注入强大的能量，这些能量会经由创源点首先在其内在涌现——一个人对所发起事业的激情就是这种能量的体现；接着，这样的激情还将感染他人，一旦有其他人的加入，他们产生的动力和热情就将同时发力。当人履行创源点之责时，这样的激情就是他手中的火炬，有了火炬，源头的重任才不会把他压垮，身为艺术家和创造者的他当然就能快乐地作出响应。

对你自己所开创的事业，你也是这样充满了激情、充满了力量吗？

第二部分

分享源头

第4章
Chapter 4

总源头与分源头

迎来自己的源头身份，然后将它分享给他人，这和很多事物的获取与分享过程完全一样。极少有创源点是不需要他人、完完全全靠一己之力来完成整个事业的，创源点需要他人的帮助将想法转化为现实、将事业向前推进。当其他人进来时，哪些与源头相关的东西需要委派给他们？哪些东西需要留在自己手里？这是个大课题，我们从三方面来回答：本章先探讨源头的职责如何在不同人身上委派，下一章探讨创源点和整个事业之间的关系（第5章），最后探讨不同创源点之间如何合作（第6章）。

彼得·凯尼格提出，当一个人迎来某种想法、直觉、灵感，于其中涉险并有所作为时，就创造了一个“场”（field），场被创造出来的同时他就成了一个创源点。这个场提供了一个舞台，让创源点将他最初的作为发展成一个项目、一个企业、一个家庭、一个职能或一段关系；这个场有其自身的形态、有自己的边界，这是由创源点在最初的有所作为中识别到的愿景和价值观决定的。这个场像细胞一样会膨胀或收缩，创源点会根据外界环境提供的发展空间的大小，来扩展或收窄这个“场”。

创造了这个“场”的创源点对“场”的长期发展负责，我们称这个人为“总源头”，以示他需对全域负责，包括空间上的大小和时间上的长短两方面。之所以称他为总源头，并不是因为这个“场”属于他（可以属于，也可以不属于），而是因为他为此担当了总责。创源点意味着尽责担当，而不是为谁所有，总源头通过扮演创业人、引路人、守护人的角色来尽责担当。

为把事业推进，总源头需要其他人的加入来帮助他而其他人的加入又分几种情况：或是有人被这项事业的能量及总源头的激情所吸引自己跑来的，或是总源头循着直觉的指引为其他人找到了他们在这项事业中的角色。

其他人加入后，总源头会在场里给他们一席之地，将场的一部分划定给加进来的人，作为他们开展源头工作的空间；对加入的人来说，接受了这样的委派，也就成为那个“分场”的分源头，在那个分场里同样扮演着一个源头所具备的创业人、引路人和守护人角色，同时遵守总源头划定的事业框架（愿景和价值观）。总源头将一个分场交给分源头之后，分源头就开始对那个分场相关的直觉、想法、灵感及能量等有了感知并接收，这时总源头将不再感知和接收这个分场的这些东西——这是一种出现在源头上的“经济效应”，是对总源头和分源头两个角色、两者天赋的一种同时尊重。这种直觉的感知从一人转移到另一人身上的现象，除了有助于提高事业推进的效率之外，也告诉我们源头这个概念我们虽用手摸不到，但却是真实存在的。

虽然在发展过程中可以有很多分源头，但每个事业、每个项目、每个企业、每段关系只会有一个总源头。即便事情在最开始时是一个团队很多人共同创始的，总源头也只可能有一个，他就是那个最先有所作为、以身涉险的第一人。有时要颇费些调查研究才能辨认出那个人来，但辨认出这个人很重要，否则这个人就会患上“否认”或“逃避”的源头病（第3章中的概念）；再者，不清楚谁是一项事业的源头，也会给“篡夺者”（“暴戾”源头病的一种）留下可乘之机。

被委以分场源头的身份后，分源头又可以再让其他人加入他的场，对其他人来说，分源头在他的场里起到的就是这个分场的“总源头”作用，同时又在总体事业下作为分源头存在。这样一直划分下去，到最后，每个加入事业的人都将成为一个局部的分源头，无论局部是大是小，他们会在那个部分有所作为、涉险求进，聆听直觉的声音，澄清下一步行动。

这种由总到分将源头层层分解而下的状态，就像是河流三角洲处的河道网一样，一起构筑了事业的主体，将这个场里的不同部分彼此汇聚，共同划归同一总源头，大家成为一体的同时又受益于从全局各处收集来的层层想法及灵感,相应的责任担当也分派给了大家。当一个事业的源头角色分布得当时，人人都能各就其位，各美其美，美美与共。

这种源头层层分解的现象让我想起曾工作过的一家公司——皮埃尔·亨默（Pierre Hemmer）创立的瑞士第一家互联网提供商。当时他还不甚有名，却眼光独具，在大部分人还不知道互联网为何物的年代，就把互联网带入了瑞士的千家万户。他是这项事业的总源头，他知道这一举措非同小可，于是很快找其他人尤其是工程师，一起加入这项事业，让他们成为各个领域的专家。当直觉告诉他，互联网的普及不只是个技术现象，更是一个人文及社会现象时，他又找了其他领域的专家：考古学家、语言学家，还有哲学家，每人分管一个项目。像“用户界面”这样的课题，文化专家就比技术专家更有用武之地。那时与互联网有关的新兴职业正在涌现，皮埃尔则放手让这些人利用这个契机自由创造自己的新角色、新工作。当然，那个时候“源头”概念还未问世，但其实他在做的，就是在让我们每个人都成为各自领域全权负责的分源头。即使那时的他可能也有“源头病”（这是后话了），但当时让我们 40 多个人都成为创业人、引路人、守护人角色的源头举措，毋庸置疑都是他做的贡献。他所预见的互联网发展果然被证实。后来，在2001年发生互联网泡沫危机时，他创办的公司关门了，但曾在这里工作过的伙伴很快又发起成立了7家公司（包括我发起的“纵标咨询”在内），因为大家都曾在他这里接受过“源头”训练，所以都具备这种以“源头”身份发起一项事业的勇气和热情。我对这位卓越人物怀有极大的感激之情，他在当时将源头层层分解的做法是一种对我的信任，让我得以尝试不同岗位，因此得到了有关源头方面的训练。

我们可用一种圈层结构来表示一项事业层层分解的源头关系，在最大的圈层（代表总源头的场）里包含数个大小不等的次级圈层（分别代表分源头的场），有些次级圈层之下又可包含三级圈层（代表了分源头之下的分源头），每个圈层都对应有一个创源点。想要以这种方式将其中涉及的人及相互间关系都表示出来，可以用由汤姆·尼克松[①]开发的Maptio[②]软件，汤姆·尼克松也是活跃在彼得·凯尼格源头理论伙伴社群里的重要成员。

---

① 汤姆·尼克松是“Maptio”软件公司的创始人，此外他也为其他宗旨使命驱动型组织的创始人提供教练和咨询服务，著有《源头理论：使命驱动型创业者与领导者实用手册》（*Work with Source：A handbook for movement leaders and purpose-driven entrepreneurs*）一书（该书在本书附录中有介绍），他也是源头相关理念的重要传播者及践行者。

② Maptio是专为不使用传统组织架构的新型管理模式组织开发的组织结构图软件，通过圈层关系图来显示哪位同事正在协助哪些工作，彼此之间的关系如何。

嵌套圈层结构图可以表示一项事业的所有源头角色及之间的关系，它反映了一项事业在推进过程中大家如何合作的自然层级关系，这种结构关系与传统的公司组织架构有显著不同，代表了组织里人与人之间的另一种关系结构——传统组织架构强调的是人们之间“如何”协作共事，而嵌套圈层结构强调的是人“为什么”共事；传统组织架构是一种上下等级关系，行动迟缓、偏见横生，而嵌套圈层关系则代表一种层层分解的、源头之间的有机互联。换言之，嵌套圈层架构反映了在一项事业中都能够接收直觉、有所行动、涉险求进、弄清下一步方向、产生想法、定义愿景与价值观（既有总源头的定义，也有分源头的定义）的那些人之间的一种有机联系。分源头的存在扩大和补充了总源头的作用，这种层层分解的、在源头角色上自由流动开来的现象，可在各个方向上发生。而每个被委派了“分场”的人，又对这个部分的发展进化拥有完全的责任。

嵌套和聚合的圈层图，为我们展示了不同源头之间的有机关系，这是一种“自然层级”现象改写了“层级”（hierarchy）这个词的定义。彼得·凯尼格曾说，这背后代表着一种“神圣秩序”（sacred order）的存在。不同源头之间的这种网状关系并非是胡乱形成的，其背后是一种内嵌的秩序，在这样的秩序下，人人都有自己的角色位置，又都负了全责。

人人都负“全责”，这怎么可能做到？我们之前说过，总源头在创始一项事业时，就承担了对整个事业“全域”（空间维度）和“全程”（时间维度）的全责；我们也说过，分源头对所委派的“分场”负有全责——那么，这两个“全责”之间会不会重叠交叉、相互干扰呢？是怎么协调的呢？

我们可以借用亚里士多德的“类比学说”①来帮大家理解。两个源头都负全责，但所说的负全责是不同的，取决于我们以什么样的视角来定义“责任”：“责任”并非是只有唯一定义的概念，而是对某个本体的“类比现实”，看它的角

---

① 这里的“类比”是一个哲学概念。“类比”原本是由毕达哥拉斯学派发展而来的概念，表示数字间的比例关系，后柏拉图在本体论中使用了这个概念，用以解释“存在”与“思维”之间的符合关系。到了亚里士多德时，他通过类比学说提供了这样一种可能：既建立起统一概念，同时又不抛弃掉事物之间的差异。亚里士多德的一个很大贡献就是把各个单个学科，如数学、物理学、逻辑学、伦理学、政治学、生物学等彼此区分开来，并为其奠基，而这样的奠基之所以可能，必须依据一个共同的原则，这个原则就是“类比”—— 也就是说，各分支学科研究对象虽然各不相同，但拥有相同的结构。类比首先展现了两种不同变化之间的结构相似性，这种类比统一性可以一直存在到不可再分的“类”为止；当在概念上不可分时，类比便不再起作用，这时个体间的统一性就不再建立在类比上，而建立在“类别的统一性”上。这种结构一致、层层向下扩展的类比最终确立了不同存在者在概念上的一致性。亚里士多德的形而上学将存在者作为一个整体来把握，而这个整体就是存在者的“本原”（本书作者撰写的“尾声”里，也提到了与这个概念相近的说法，本书译作“本源”，即首字母大写的英文单词“Source”，本书作者认为这正是“源头”的“源头”），因为只有本原才能使存在者作为一个整体被生成。这种“类比统一性”代表了亚里士多德意义上最高级别的普遍性，它构造出了包含多样性的统一概念。读者可据此理解本书此处要表达的总源头与分源头之间那种“包含多样性的统一”关系。（本条译者注根据《清华西方哲学研究》第400~431页中收录的刘鑫写的《亚里士多德的类比学说》一文内容整理编写。）——译者注

度有很多，对它的理解取决于客体的性质和我们看待客体时所采取的视角。

以分源头视角看，他对自己的“分场”负全责，全部地担当这个“分场”中的创业人、引路人、守护人这些源头作用和角色——打开自己去接收直觉的声音、澄清下一步的方向、涉险求进等，这些事总源头将不再帮他去做。以总源头视角看，分源头的“全责”是相对的，他要确保所负责的“分场”遵照贯彻整体事业的愿景和价值观，分源头在“分场”感知的愿景须匹配于总源头“给定的”框架；再者，分源头的“全责”之所以是相对的，还因为他是受人委派才成为创源点的。

现在我们来看总源头的“全责”，有意思的是，也存在同样的情况：总源头对整个事业负有全责，这当然也包含各分源头负责的部分，在此基础上他还负有为整个事业识别愿景和价值观的职责。但如果以分源头的角度来看，总源头的“全责”也是相对的，因为总源头为了负责，必须要有在各自分场中负责的分源头的支持才可能做到；再者，总源头的“全责”之所以也是相对的，是因为他是受到某种感召才有了对愿景和价值观的定义并创建事业框架的。

这种似乎相悖的说法，我们可以这么理解：总源头和分源头在各自范畴之内都负有全责，同时又都有赖于对方才能完成自己的责任。古代和中世

纪哲学就有这样一个概念:“全因果链中的互为因果性”[1]（reciprocal causality of total causes），可以解释这个悖论。这种相互关系，不仅不会因同时都负全责而减损各自的“源头”之责，他们的互赖反而将彼此联结了起来。总源头关注的是包括框架在内的一项事业的全局视角，分源头关注这项事业当中的一块领域，他们在各自的“场”里，依据自己在整体中担当的职位及相互间的互赖关系，完完整整地履行着一个创源点该尽到的创业人、引路人、守护人职责。无论是分源头还是总源头，每个人都完整地履行自己的源头之责，因为这同时关乎其他源头能否履行好他们的职责。

关于源头之责，我们还可以通过“权力”（power）和“权威”（authority）两个概念加以阐释，彼得·凯尼格引用著名教练罗伯特·哈格罗夫[2]（Robert Hargrove）关于“权力”（这关乎发力的“力”）和“权威”（这关乎发力的

① 一位曾教过我的研究中世纪哲学的瑞士日内瓦大学教授安德烈·德穆拉尔特（André de Muralt）在他的 *L'Enjeu de la Philosophie Médiévale*（Brill 出版社，1991 年出版）一书中诠释了这个概念。

② 罗伯特·哈格罗夫，美国马萨诸塞州布鲁克林“大师级教练”咨询公司（MasterfulCoaching，INC.）的创始人，哈佛领导力研究项目前主任，著有《大师级教练》《提升您领导力的教练》《掌握创造性合作的艺术》《知识时代变革管理》等著作。——译者注

“权”）两者在概念上的不同来表达这一点。哲学家米丽娅姆·勒沃·达洛讷[①]（Myriam Revault d' Allonnes）提出观点认为，“权力”是一个关乎空间维度的概念，而“权威”是一个关乎时间维度的概念。以这样的观点来看“源头”相关的话题，那么创源点在对应场域的空间线上行使的是“权力”，而在场域发展的时间线上行使的是“权威”。

今天我们一提“权力”这个词，可能会让人联想到专制、强权、发号施令、惩戒、强加个人意志于他人、什么都要控制等。如果这么来理解“权力”，不就是小我膨胀吗？如果创源点认为权力就是这些的话，那就很危险，就要患上“暴戾”的源头病。可创源点的“权力”是指为了维持一个场（或分场）的存在及其后续发展去集结和召集所需能量时的全能与全权。

在创源点的“场”诞生之时，这个权力就已经出现。创源点开创一个“场”，当他将创始性的举措注入这个场的空间时，就拥有了将这个场在各个方向上

---

① 阿里亚纳·比耶安在 *L'Autorité. Psychologie et psychopathologie*（Armand Colin 出版社 2016 年出版）一书中详细解释了“权威”这个概念的三个维度，而这一理念又出自米丽娅姆·勒沃·达洛讷所著 *Le Pouvoir des commencements. Essais sur l'autorité*（Seuil 出版社，2006 年出版）一书，其中特别提到“权力之于空间”和“权威之于时间”的相互关系。勒沃·达洛讷提出，“权威”不同于“权力”，但在意义上却有相关关系，“权威”是个与时间及时间跨度相关的概念，而“权力”是个与空间及空间分割有关的概念。从根本上说，“权威”是社会纽带维度上的东西，因为有它才有传承，才有亲子关系，才有代际延续，是对破坏社会纽带的外力威胁的一种警觉力体现。而上述两本书作者的这些理念，有很多都源自汉娜·阿伦特（Hannah Arendt）有关“权威”与“权力”的研究成果。

扩展的权力，包括广度的大小（须与这个“场”的外部环境相配合）和深度上的深浅（须挖掘这个“场”未显露的潜力）。这种未显露的潜力好比地下的宝藏，彼得·凯尼格说，“创源点所做的每一次对话，都在延展这个‘场’”，因为每一次对话都会让大家对这个“场”的认知更深广一层。只要创源点发起的事业还存在，创源点就一直有这样的权力，且无法由他人代为行使。分源头不可能代他行使，因为那就变成了篡权夺位；而总源头也不可以消减分源头的权力，因为那无异于变相地解除了他之前的委派。

当创源点在时间维度上行使“权力”时，就是在行使“权威”。“权威”的英文 authority 来源于拉丁语 augere，意为“增强”，创源点对一个“场”行使权威意即在做让那个“场”得以演化、得以增强的事。行使“权威”所包含的内涵，心理学家阿里亚纳·比耶安（Ariane Bilheran）认为有三方面，这与我们之前提到的创源点三个角色正好一一对应：

- 创生（generating）：行使权威包含创始起源的举措，这与创源点的“创业人”角色对应，特指总源头的首创之举。
- 保育（conserving）：行使权威也包括为那个起源提供给养、提供保护，这与创源点守护事业愿景和价值观的“守护人”角色对应。
- 衍化（differentiating）：行使权威还包括创造可能性让一个起源从最

初的存在演化为一项事业，让它向未来发展，这与创源点持续不断地澄清下一步发展、让事业演进的“引路人”角色对应。

上述“权威”几方面内涵与源头理论是一致的，创源点担当其角色的过程，就是行使权威的过程，他创立项目、职能、业务、团队、场所等，都是通过他行使权威的过程而创生、存在、发展的。创源点“权力”的行使，也是通过“权威”的行使才得以发生的。因此，“权威”这个概念已不仅仅是“权力”的一种属性对创源点来说，它本就是实实在在的“权力”。

这也解释了为什么对创源点来说，他们无须借助专制和强迫的力量（这些都是小我会用的武器）来让大家听从于他们。当创源点基于源头身份行使权威时，本身就能让伙伴们追随，一种自由而非强迫的追随，因为大家理解他这么做的意义和理由。但这并不是说创源点从来都不用站出来：当有人跑偏了的时候，创源点需要清晰地重申事业的愿景和价值观。做到这一点并不容易，记得我们在第 3 章里提到，这需要在“逃避”和“暴戾”两个极端之间找准位置。

本章探讨创源点的“权力”如何来源于他行使“权威”的过程，正是在创业人、守护人、引路人这些角色上行使“权威”，创源点担当起了源头身份；还探讨了总源头、分源头之间如何合作担当不同源头身份，之间的互赖关系如何自然而然地促成了合作，他们同时存在于一整个集体之中，等等内容。下一章我们来谈谈创源点和这个“集体”之间是如何互动的。

在各位继续阅读之前，先自己思考一下：在你们那个“集体”中，源头之责是由哪些人承担的？如何承担的？

第 5 章
Chapter 5

源头与集体

在创始事业的过程中，总源头同时也带出了事业背后的一个集体。当总源头让一个分源头进入他的“场”，投入他首创的事业时，“集体”就出现了，以此为标志，也开启了源头与集体之间的互动关系。大自然中也一样：河流的源头处是从地底涌出的一些水，水沿坡而下，形成一股水流，然后其他支流汇入，成了一条溪流，或是一条大河。之所以有支流汇入，是因为这水流的方向与支流的流向相合，支流的水汇入时，支流的“水分子”并没有发生改变，只是并入已经形成流水的其他水分子，一起浩浩荡荡向着大海奔去。

人创立的事业亦是如此。总源头邀请其他人加入其发起的事业时，一起做这项事业的集体就出现了，被邀请的人成为分源头，一起实现总源头的愿景，遵从总源头的价值观。分源头之所以愿意加入，是因为这个事业也有助于他们实现自己个人的愿景，遵从他们的个人价值观。

最终每个创源点，无论是总源头还是分源头，因这项事业所做的事及其所反映的宗旨（第2章提到的“过程”和“结果”）与他们自己的个人愿景和价值观相吻合，所以都汇到了这个事业中去，成了这个事业集体中的一员。我们先看总源头，因为他是把自己的个人价值观及个人愿景投入到初创举措中去的人，所以两者之间本就是吻合的；再看分源头，因为这项事业的愿景和价值观引发了他们的共鸣，觉得这是让他们自身价值观得以彰显的机会，某种程度上做这项事业也是实现个人愿景的过程，所以两者也是吻合的。

每个创源点在各自担当的职责之下，推动着这项事业的发展，也推动着整个集体的进步。分源头的贡献在于，推动自己所负责“场”的发展，以自己的直觉感知加上自己“场”中其他伙伴的想法，推动着这个演化进程以及必要时伙伴们之间的协同。总源头的贡献在于，寻找其他可能新加入这项事业的伙伴，或是接收自然浮现出的其他新伙伴，邀请他们成为分源头，促成分源头之间的协同，通过与分源头对话来厘清事业的下一步该怎么走。在需要重申集体文化时，提醒分源头回到整体事业的愿景和价值观上来。

要注意的是，总源头关注的只是事业的宗旨这一点，他的精力也集中在这个点上。对他而言，这个“集体”本身并非他的目标，而只是要完成事业宗旨的必不可少的手段，是因为要做成这项事业所以才发展了这个集体。

2001 年我创立“纵标咨询”公司时只有两个人，在随后的 12 年间一直都只有两个人。但以我最初的设想来看，我愿景中这个事业是不只两个人的，甚至还想过要有好几个团队。后来当我这位合伙人决定去做其他的事，只剩下我一个人的时候，我就利用这个契机，在“纵标咨询”愿景和价值观的指正下重新构造了一个新的集体。随着我自己内在在这一点上的澄清，神奇的是，开始有众多候选人向我飞来。几年后，这项事业发展出了两个平行团队（一个法语业务团队、一个德语业务团队）。虽说这两个“集体”都是作为总源头的我所创立的，但这两个集体的分源头才是各自业务发展的贡献者，是他们的积极投入带动了“纵标咨询”业务的发展，尤其在为顾客提供定制化工作坊服务上作出了积极贡献。

越来越多的总源头开始看到“参与式动力模式”在支持集体发展过程中的积极作用，这个管理与治理模式是通过我（我在瑞士）和马蒂娜·马雷尼（她在比利时）以及我们各自所带领的团队之间的一次成功合作涌现出来的。“纵标咨询”团队和她的比利时团队都在做与此相关的组织支持和培训工作，一起见证过很多组织和学员掌握这一新的治理模式。该模式与其说是一门学问，不如说更像一门艺术，可以帮助在群体内、在群体及其环境之间的交互中涌现集体智能[①]、合作关系、协同效应等。它包括一系列具体的工具和方法，而且特别有赖于软技能的运用，是一门帮助群体走向“我们”的艺术（art of “we”）。

这套方法致力于激发相互协作的个体之间的融合，加强他们在整个事业的方向上的凝聚力，鼓励创新，提高人们在行动方面的敏捷性和有效性，从而让整个集体更加敏捷，发挥群体成员之间的协同效应促进大家在事业愿景和价值观上的一致性。在参与式动力模式下，群体中每个人可以表达他们关于个人和集体的看法，并提出改进建议，这些正是集体智能的运用。参与式动力模式的要求也不低，不仅对知识层面有要求，对每个个体的人际能力也有要求。

对引入了参与式动力模式的集体来说，这种模式会成为一种共同语言，人们可以通过共同语言来表达自己的观点、产生共同的行动。而一个集体之所以会采取这样的模式，本质上是因为这种模式与创源点感知的愿景和价值

① 集体智能（collective intelligence），也称集体智慧，是一种集结众人的意见进而转化为集体决策的过程，是一种通过许多个体的合作与竞争涌现出来的整体层面的智能。集体智能可以在细菌、动物、人类以及计算机网络中形成，以多种形式的协商一致的决策模式出现，包括低智商动物在特定条件下做出一些高智商行为，比如蚂蚁、蜜蜂等动物在群落中形成复杂的分工协作等。——译者注

观相吻合。弗雷德里克·莱卢[①]（Frederic Laloux）写的《重塑组织》一书开启了众多领导者探寻新型管理模式的大门，他在书中访谈了各种各样的组织创始人，都是各自事业的总源头，这些先行者都没有采用传统的科层制组织架构，而是寻求参与式的治理模式，因为新模式更贴合他们所追寻的愿景和价值观。倘使这些总源头离开了他们发起的这些事业，这些由他们引入的参与式治理模式就将失去实施的基础和理由。所以说，这些总源头不仅缔造了这些事业的集体，也给这些集体带来了参与式动力模式，让这种模式成为他们事业中所有分源头的共同语言，而分源头又将这些模式慢慢融入自己所负责领域的团队。总源头和分源头一起，共同担起了对这个集体尽责的担子。

关于总源头和分源头的这种共同尽责，我们来看一个例子。我们有一个客户是做儿童相关服务的，他们重组了大约150个原先彼此独立的儿童服务机构，在此基础上成立了一个大型基金会。这个新基金会的总源头凭直觉感到，引入参与式动力模式可以有效改善各个机构间联络松散的状况，让大家真正成为一个组织。于是，他自己接受培训之后，又让其他分源头即各个机构的

① 弗雷德里克·莱卢，独立学者，组织发展顾问，麦肯锡咨询公司前资深合伙人，欧洲工商管理学院MBA，《重塑组织》一书的作者，他在该书中首次提出了“青色组织”（teal organization）的概念，对当下管理业界探索组织新的工作与共事模式带来了深远的影响。——译者注

管理者都参加了培训，然后要他们各自推广到各团队成员，让大家尝试用这种新的决策和问题解决流程。同时，总源头成立了一个“战略学院”，定期邀请近 30 名员工和管理者对整个集体未来的重大事项进行思考并做出战略决策。又过了几年，为了让集体智能在更大范围涌现，也进一步瓦解科层制结构，原先由 8 位高管组成的高管团队也邀请员工加入其中，他们邀请了 7 名员工（各自代表一个分支机构）参与运作相关的重大决策。如今，他们又采取了“战略学院”和高管团队成员每三年轮换一次的做法，如此一来所有的分源头都有机会参与基金会的管理。当然，在这个过程中同步发生的，是大家在团队中运用参与式动力模式的经验的积累，慢慢地这个模式体系也成了大家的共同语言，成了他们在完成这项事业的过程中各个创源点之间相互校准对标的工具。

参与式动力模式能帮助事业“场”中任何位置的创源点驱散下一步要如何走的疑虑。其他团队成员可以提出问题、反对意见、主张等，尤其是在知情同意决策的核心流程中，为创源点澄清下一步如何走做出贡献，起到决定性作用。这样的流程正是第 2 章提到“与他人对话”做法在实战层面的运用。

参与式动力模式遵循两个指导原则：公平性与主导性。在推动参与式动力模式和帮助集体发展的过程中，这两个指导原则体现了创源点的重要作用。

- 公平性原则指，每位伙伴都具有平等的价值，平等享有对集体重大决策发声的权利。这一原则确立了所有人根本上的公平，无论是总源头还是分源头，甚至哪怕在人还不知道自己能成为哪方面的源头时，这一条都成立。人人都可以成为源头，都可以成为事业发展的推动力。这也是为什么在参与式动力模式下，决策会议时大家是围圈而坐的，圆圈中心是需要决策的提案，围圈而坐的每个人与这个中心点在距离上相等，象征公平性原则。
- 主导性原则指，鉴于总源头对事业所具有的权力和权威，鉴于他对事业愿景和价值观所具有的担当，他负有主导性作用，他需要确保这项事业的创生、特性、发展，以及推动整个集体的发展。总源头在服务于事业的过程中具有一种特殊的作用，这一点无论是团队还是他自己都要承认。在参与式动力模式下，这种特殊性并不意味着总源头可以知法犯法，只是说他可以将自己洞察到的东西带入集体指明事业行进的方向，要求大家遵守事业的愿景和价值观，发出权威的声音让大家明白倡导什么、反对什么，以及下一步要怎么走。

进行知情同意决策流程时，总源头在分源头的支持下做出下一步如何走的方向性决策，决策制定过程同时也是他将如何走的思考向大家澄清的过程。

在这个过程中，各分源头通过提出问题、反对意见、主张等方式在其中互动，最终达到清晰一致（这遵循了公平性原则）。另外，只有总源头自己完全想清楚了，他才会做出决定，至此也能够拿清晰的东西同大家沟通，同时，本能地遵循着主导性原则的其他人也会自然而然地走向知情同意——因为哪怕对所决定的东西仍有疑虑，他们也会选择相信总源头。所以说，总源头自己的清晰是知情同意决策过程中的决定性因素，而要让整个集体也都清晰，则是通过分源头的作用来完成的。这个过程中公平性原则和主导性原则之间相辅相成，总源头和分源头的责任完美的平衡，使整个集体都受益。如果没有公平性原则，集体将沦为毫无激情动力的老旧科层制模式；如果没有主导性原则，集体将变得软弱无力，甚至连决定都做不了——不承认总源头的特殊作用，整个集体也就无法从他那里获得思路上的清晰，而他作为创业人、引路人、守护人能给集体带来的好处也就无从谈起。参与式动力模式运作的基础，正是基于这两条原则同时联动的运用，来让集体中每个创源点都发出自己的声音。没有了这个，“我们”只能变成死水一潭。

在大家各自所在的集体中，公平性和主导性原则是如何体现的呢？为了让你那项事业背后的集体有所发展，你会想要做些什么？

在我们进入下一个话题之前，还有一个常见且“神秘”的集体形式需要稍做探讨，那就是“由两个人构成的伴侣关系”。彼得·凯尼格提出，由两人组成的伴侣关系也逃不出总源头和分源头的关系模式：两个人中第一个采取行动、涉险求进的人，会成为他们之间关系的创源点；而另一方则是接受邀请，加入这个关系，加入了“这项事业”的一方——前者是总源头，后者是分源头。对伴侣关系中的两人来说，弄清楚“谁是总源头，谁是分源头”很重要，这样彼此所担当的责任才能界定清楚。从哲学角度来说，这两人处于同一段关系之中，只不过总源头是这段关系的“初始点”，分源头是这段关系的“终结点”，而他们之间的关系就好比列车在起点和终点之间来回穿梭的那段轨道。

伴侣关系中的总源头并不比分源头具有更好更高的地位，只是承担着让这段关系演化发展、随着时间推进澄清下一步发展的职责而已；分源头在自己的领域内对这段关系演化发展做出自己的贡献。因为每对伴侣关系都是独一无二的，很难举出适合所有人的例子。有的分源头担负的职责可能是推动彼此间的交流、找到彼此可以一起做的事、发起有助关系深入发展的话题等。有时，分源头给这段关系带入的东西也能起到决定性作用，尤其在总源头身犯前述一些“源头病”时。想要一段关系健康发展，两人都需要投入。

不过这种“关系中的”分源头有时也能成为这对伴侣共同生活中一些“事情的”总源头：例如可以成为改善家居环境的创源点、处理家庭财务问题的创源点、安排家里装修的创源点、决定共同度假目的地的创源点、决定周六去哪里一起慢跑的创源点、打理花园的创源点、一起购物的创源点等，另外还可以成为两人一起修行的创源点、成为两人计划要小孩的创源点等。只要是两人中的任何一方发起了最初的举措、率先涉险求进，那个人就自然成为总源头，另一个人则成为被邀请加入其中的分源头。

在各位的伴侣关系中，谁是总源头，谁是分源头？探讨伴侣关系中如何划分不同的创源点角色很有意义，对此有觉察才能让两人关系发挥出协同效应，这种两人关系还能成为各位锻炼创源点技能的练兵场。

第 6 章
Chapter 6

人人都是源头

前两章我们谈到，总源头和分源头共同承担创源点责任，又互不减损，一同带来集体的发展，携手将事业向前推进。关于这种责任共担，最后来谈谈不同创源点如何在事业中合作，尤其是如何在相互认可的前提下合作，这种相互认可是他们之间根本的、不可或缺的相互关系。

看到并承认他人创源点的身份，是创源点之间保持良好相互关系中最为关键的一点。这里的良好相互关系，并不只是指双方的人际关系，更是指为了完成一项事业自然天成、全心全意的工作关系。

之前分析过一种“否认”的“源头病”（第 3 章），从中我们明白，无论是对创源点还是对他发起的事业来说，看到并承认自己的创源点身份是何等重要。这里我们需要明白这件事的另一面，那就是他也要看到并承认其他人的创源点身份，这同等重要。

首先我们得承认，在大家面前承认自己创源点的身份确实不容易，我们会害怕他人怎么看我们，怕自己成为众矢之的，好像自己想在他人面前表现一样。只有克服了这些顾虑，在大家面前坦然承认自己的创源点身份之后，其他和你一起做事的伙伴才会自然认可这一点，才会行动起来，和你一起去完成这项事业。这样，能量就随之而来了，这是敢于面对的第一个好处。

有些人看不到他人的创源点身份,这种情况的一种极端就是之前提到的“篡夺”源头病（第 3 章），此外还有其他许多更加隐蔽、更加微妙的方式：把他人的创意窃为己有、故意不提及他人的原创者地位，或是将他人的洞见当作自己的东西示人，又或是使用他人开发的软件却不付费等。正如彼得·凯尼格所说，这些不认可他人创源点身份的行为终将反噬自己，通过窃取他人源头角色所做的事最终也会能量渐失。到最后，自己并不能从这种窃取中捞到多少好处，还会间接地给每个人，尤其是被自己窃取了好处的那位创源点带去负面影响，做出特别不公平的事。这种对创源点的“偷天换日”行为还会给组织带来不计其数的冲突和广泛深远的痛苦。说到这里，让我们再次重温此前说过的一句话，“源头与创源点这个人是一体不可分割的”。当人创生了一件事，他就是那件事的创源点，哪怕全世界拒不承认也无法改变这一点。

现在大家读的这本书就可以作为一个具体例子，体现了认知和能量的相互关系。假使我在写这本书的过程中没有明确提及彼得·凯尼格这位“源头理论”的创始人，那么这种不公行为不仅构成剽窃，而且我也捞不到什么好处。比方说，读者会从中隐约感觉到哪里不对劲，异样的感觉会使读者理解源头理论更困难，进而对这个理念的传播造成负面作用，还可能劝退一部分热心的读者去进一步参加这个话题的培训或找这个话题的专家咨询。对我来说，这样一本关于源头的书，肯定应该提及发明了这个说法的、最先研究了这方面理论的人的名字，这是最明显不过的道理。正因此，我特意邀请彼得·凯尼格为本书写推荐序，他也欣然答应。这种对创源点的认知，早在这本书得见天日之前，就已经给我带来了极大的能量，让我能坚持完成这个写作项目，让我在写作过程中文思泉涌、下笔有神。从我写这本书开始，我想要推动源头理论传播而付出的努力，得到了彼得·凯尼格本人在能量上的支持。

这其中的悖论很有意思：表面上看，承认他人发出的声音似乎会掩盖我自己的声音，但事实恰恰相反，承认他人的旋律反而放大和烘托了我唱出的歌曲，他人的旋律和我的歌曲融在一起，成了一种合唱。

总源头还有哪些方式来承认他人的创源点身份呢？首先，总源头对分源头的委派必须真心，真正让他们在分领域中行使权力和权威。虽说授权是一步步的，不可能一夜之间交出去，但总源头要完全将对方视为真真正正的创源点,这非常重要。如若不然,他团队里的伙伴又怎会认可他创源点的身份呢?

还有一种更大的认可，就是认可分源头有时也可以是“总源头”——成为总源头事业之下某项具体举措的“总源头”。例如，一位在政府教育部门工作的初级助理员埃弗兰，发现有种方法可用以归整好部门满天乱扔乱放的文档，让其他同事都受益。埃弗兰将这个想法同部门主管（即部门总源头）马克沟通，马克当场表示了赞赏，因为这也符合马克关于部门需要提高办公效率和协作程度的发展要求。马克同意埃弗兰将这个方案贯彻执行，通告部门其他同事，告诉大家在过程中有具体问题可以直接找埃弗兰——这一举动是总源头在大家面前认可埃弗兰在该项目中所拥有的权力和权威。

事情到这一步本就结了，可马克并未止步于此，他更进一步地支持埃弗兰成为“总源头”：他告诉埃弗兰，项目过程中如有需要，随时可以让他帮忙——换言之，此举是让埃弗兰成为该项目的“总源头”，而马克自己则成为“分源头”。

以上是一个在部门总源头的“场”（马克的“场”）中发起具体项目的例子，彼得・凯尼格提出，分源头发起项目时甚至还可以跨出总源头的“场”外。假设上述例子中，埃弗兰的文件归整项目做得非常成功，甚至有想法要

推广到其他部门去，若马克真正认可埃弗兰是这个项目的“总源头”身份，就会做出一个“分源头”可以做的贡献（如把这个项目推荐给其他部门主管）。这样一来，埃弗兰所做的项目也扩展了马克的“场”，马克的部门从此将在全国范围额外提供“文档归整”方面的服务。很多公司的业务就是这样发展起来的。

这种在总源头、分源头角色之间来回“切换帽子”的做法，能让整个集体所有成员在协作上更加自如地流动，人人都可以服务于他人发起的项目。认可他人的创源点角色，会涌现大量的能量，不仅给自己发起的事情带来能量，也会给他人发起的事情带去能量。至此，那画在总源头和分源头之间的分界线就变得灵活起来了，这条线不再像大家最初想象的那么严格，完全是一条因需而设、因事而画的灵活的界线——人人都能成为源头，有时是总源头，有时是分源头，而这种在不同角色中切换的敏捷性越高，大家就越能创造出推进事业所需的协同效应。

以上说的都是总源头对分源头角色的承认，换个角度道理同样适用，包括分源头与分源头之间、分源头与总源头之间的相互承认。这种对创源点身份的承认体现着尊重、善意和真诚，反过来又让人与人之间的关系受益，进而使大家共有的整个事业受益。

提到关系，我们再来回顾一下之前提到的彼得·凯尼格的观点（第5章），即任何两人关系中总存在一个总源头，即那位率先有所作为并首先涉险求进的人。在两人关系发展下去之后，两人关系中的新生事物又能让两个人在具体事情层面上不断切换传递总源头、分源头角色。承认他人的创源点身份，也承认自己的创源点身份，谁要负责什么也就有了清楚的交代，两人之间的关系就能更稳固、更和谐。有段时间，我儿子向我抱怨说，在他和他朋友之间他总是那个主动发出见面提议的人，渐渐地，他觉得这样太辛苦了，于是想故意试探一下，如果他一段时间不主动联系对方会发生什么。但后来他经过反思（在我的鞭策之下做的反思……），他认识到，在这段两人友谊中他就是总源头,所以“下一步怎么走”（包括约下一次见面）的任务总会落到他头上。他那位朋友承认了我儿子的总源头身份，虽未明说，但对方把会面这件事都推给我儿子的做法已经不言而喻。了解这一点后，我儿子也就接纳了自己在这段关系中的责任担当。

可见，创源点之间在共同项目、共同事业、共事团队、共处关系中的合作程度，正是由这种互相之间的承认得以深入的。然而这种彼此合作本身并不是我们所要追求的最终目标，有时候我们也不可能要求一直合作下去，甚至一直合作并不可取。因此，一起合作时，我们应心存感激；而当分源头破坏了事业的愿景、践踏了价值观时，总源头理应干涉，这是他的守护人职责所在。如果这种不合适到了不可收拾的地步，总源头将撤销对分源头的委派，将他从这项事业中劝退。从另一个角度看，如果分源头感到这项事业发展的方向已经和自己的个人愿景及价值观不匹配了，也可以选择离开，加入（甚或是新创）一个其他的事业，到其他地方去实现个人抱负。无论哪种情形，都要先完全承认现实，无论是事业还是离开的个人，在能量和动能上才能得到恢复，继续向前走。其实，人离开如果是基于好的理由，就是一件很值得庆贺的事，庆祝他为大家的事业曾做出的贡献，也庆祝他以创源点身份又往前迈出了新的一步。

最后还有一种认可，那就是创源点（无论是总源头，还是分源头）对整个事业的集体的认可。马蒂娜·马雷尼在谈到源头理论时说："创源点应当感谢这个集体，是集体激发了他的天赋和潜能。他应该让大家知道，和大家一起共同成就事业对他来说是多么重要的一件事。"换言之，创源点一定不要忘了，如果没有"他们"这个集体，他的事业就不会走到今天。不仅要看见大家为了实现事业的愿景和价值观所做的贡献，也要看见当自己担当引路人角色时，大家作为一个集体给他在这方面提供的支持。每个创源点在厘清下一步怎么走的过程中，都能从与其他伙伴的对话中得到整个集体的大力帮助——不只有单个人层面的帮助，还有大家共同反思时通过共鸣产生的集体智慧带来的帮助。由大家组成的这个集体，像是一个育苗室，从这片沃土中长出了事业下一步如何走的硕果。不过在此我又要引用彼得·凯尼格对此提出的一个警告：勿把集体智慧看作独立存在的实体，而应视之为一种“动态现实”，一种集体成员同时互动呈现出的动态现实，分分秒秒都在“重新创造”。当各成员都依各自不同的源头身份思考和行动时，集体智慧就会泉涌而出，呈现一种协同效应。创源点面对集体的这种支持时，我觉得，应当报以“欢迎”的姿态，而不是“索取”。这是因为，创源点自己同大家一样也是服务于这项事业的一员，能激励大家热心为事业做贡献的，应该是他的欢迎的态度，而不是索取的心理。

说到这儿应该很清楚了：要在一个集体中有效地合作，需要所有创源点之间彼此认可源头身份，让所做的事业、做事业的人从中获得巨大的能量，让所有利益相关者形成协同和合作，增强人们之间的关系，清楚谁负责什么——这样一来，无论在广度上还是在深度上，都将延展这项事业的源头“场”。正因为我们知道，在事业、个人和集体的发展上，对源头身份的认可相当重要，所以在“纵标咨询”公司，我们要求大部分合伙人都得参加“源头发展面谈”（以此取代“年度绩效面谈”），就是致力于此。我们会到谈的问题包括：在公司里你是哪些事情的源头？你想成为哪些事情的源头？如何成为源头？如何帮助他人成为源头？这个面谈中呈现出来的见解和相互认可，增强了个体动力，促进了大家合作。不用说，正是这样的经历让我们这个团队总是欢欣鼓舞。

你自己的企业或事业中，在认可源头身份方面出现了哪些问题？当你面对同事和团队伙伴时，你需要在哪些方面更明确认可他人的源头身份？还有，当你面对的是伴侣时，这些问题你又如何回答呢？

第三部分

传承源头

第 7 章
Chapter 7

时机成熟，传予后人

希伯来圣经《传道书》（*Ecclesiastes*）中的智慧告诉我们，“事事有时节，天下任何事皆有定时”。这让我想起参与式动力模式的比利时总源头马蒂娜·马雷尼说过的有关创源点“三季”的话：“先是一季接收，然后是一季转化，最后是一季传承。”本书已经探讨了接收季、转化季，现在来谈第三季也是最后一季：传承季，包括三方面内容——传承意味着什么，传承如何发生，以及源头理论的传播问题。接下来，我们先谈源头传承意味着什么，然后再探讨传承工作要如何进行（第 8 章），最后是有关源头理论传播的挑战（第 9 章）。

源头传承有横向和纵向两种：横向传承指总源头将整个事业“场”的一部分交给某个分源头（第 4 章）或者某个分源头将自己的“分场”或“分

场”的一部分交给另一个分源头的情况；纵向传承的影响则更彻底，指的是某个事业、某个项目、某个不动产、某段关系里的总源头从源头位置上退下来，将其交给另一个人的过程。无论横向还是纵向，传承过程都是从一个个体到另一个个体的行为。创源点角色是不可能传承给一个组织或几个人的，因为“源头”必须完全地由一个个体来担当，因而也只能传承给一个具体的人。

具体详述这两种传承之前，我们先来研究“源头传承”这个动作本身。这个动作是发生在两个个体之间的，极具动态性、创造性、意义性的过程。创源点会在选定某个时机将手中的接力棒交给另一人，此时，与源头内在相关的所有权力、权威、责任也将全都交给接棒人，让接棒人继续上路。体育比赛中有很多这样的“交接时刻”。哲学家纳塔莉・萨尔图－拉瑞（Nathalie Sarthou-Lajus）[①]研究了人类世界中的“传承”现象，她在书中写到，自己在一个酷爱橄榄球运动的家庭长大，每个星期天全家都会打橄榄球比赛，她自己则非常乐于琢磨传球过程中是如何得分、失分的。在这种肢体对抗比赛中，球从一个人传给另一个人，每次传球都可能改写比赛结局。为了传好每一个

① 纳塔莉・萨尔图－拉瑞所著 *Le geste de transmettre* 一书（Bayard 出版社，2017 年版）对传承现象进行了研究，本书后文将多次引用她这本书中的内容（也包括在第 8 章和第 9 章中）。

球，传球人的动作要既稳又柔，接球人则须完全做好接球准备。传球人在拿准判断以后，在一瞬间，把那个橄榄状的球扔给接球人；而接球人呢，就像接过一个“宝贝一样的、像刚从母体脱胎的、情况还不稳定的婴儿”一般，将它抱在胸前。

纳塔莉·萨尔图－拉瑞这本书的书名翻译过来是“传承之举”的意思，为了帮大家理解源头传承也像生命的传承，我们来好好解释一下“传承之举”这个说法。这一过程和生孩子一样，在交棒人和接棒人身上同时夹杂了人可以准备的和无法准备的部分，混合了既要人投入其中又要人放手其外两种动作，包含了有意识的和无意识的两种东西。只有双方在这一过程中都拥有以身涉险的完全自由、信任和意愿时，关于源头的传承才能真正得以完成。这个过程必须是双方完全自由的选择：总源头要有选择传给谁的完全的自由，而新的创源点也必须拥有是否接受的完全的自由。此外，总源头还要有何时传承的完全自由，其他人（包括接棒人在内）都不可以决定这个时间的早晚。这种包括传给谁、何时传在内的“两个自由”，代表着创源点的一种判断：只有当他认为接棒人能恰如其分地发挥之前所述源头的创业人、引路人、守护人的作用，才会让这一传承过程发生。如果还有不确定，那么传承是不会发生的。从接棒人的视角看，被选为接受源头身份（代表了一个事业的最核心部分）的人也需要信任总源头及其所做的事业，还要相信自己有能力接受这个挑战。总之，双方既需要相信对方，也需要相信自己，至少在这个传承过程中都同时有这种相信。正像我们之前提到的两人伴侣关系一样，在源头的交接棒过程中，两人中有一人是初始点，另一人是终结点。这是由完全自由的“两个”人共同完成的“一个”动作，两人之间的信任关系是他们一起完成这个动作的基础。

请注意，这里的“信任”指一种“笃定”（conviction）而非“确定”（certainty）。从定义上看，“信任”本就不是从已发生的事中产生出来的感觉，而是在事情还没有 100% 完全发生之前认为对方值得相信，所以才叫“信任”。源头的传承肯定是个风险动作，交棒人和接棒人都面临风险，双方都无法完全保证这个过程的成功。不过对每位创源点来说，以身涉险本就是他们身上固有的特质，源头传承中的风险对他们来说也非无以复加之事。

从交棒人视角看，主要风险在于传承可能以失败告终，不得不从头再来，外加一层他们对“自身泯灭”的恐惧。他们会怕自己失去所有的东西，包括自己在内——如果不再是源头了，那么以后在他人眼中、在自己眼中，自己又是什么呢？在纳塔莉·萨尔图－拉瑞看来，对交出源头身份的人来说，“传承必带悲情的元素，因为这是交棒人的一种牺牲、一种自灭”。她进一步解释说，“交出去的那一瞬间，是一种深刻透彻的、改写了人与人之间关系的、生命转变级的体验，没有某种程度上的自我舍弃，就不可能完成”。

从接棒人视角看，主要的风险是浪费时间精力，而且如果传承失败了，还会败坏自己的名声。再者，他惧怕失败的想法还将坐实，会使他自认为做不了源头这个角色。但哪怕传承过程成功了，接棒人也还会面临其他风险，他会发现有些“不足为外人道”的不好的东西（事业中一些不好的方面）也都一起传递给了他。

接棒人的难处在于，要在一个旧世界中创一个新世界，既要保持这项事业原有的本质，又要让它继续演进——这是一种既要“自由”，又要“真实”引起的风险。

萨尔图 - 拉瑞认为，“传承本就充满悖论，要全身进入一个由不得自己选择的传统中，还要让它变成自己身上的一部分，然后才能让自己超脱于其束缚之外。没有了自由，传统会垮掉；而丢开了传统，自由无异于空转的车轮”。在萨尔图 - 拉瑞看来，“对接棒人而言，他对继承过来的东西都不可以以‘票面价值’视之，而需要通过自己对这些东西进行反诘，为其‘重新定价’”。

现在我们来详细谈谈横向传承和纵向传承的过程。当总源头将事业的一部分委派给分源头时，从这项事业的“全场”来看，就是在做横向传承。

这种传承必须要做到“完全”（把东西全都交出去），但无须“永远”，因为总源头任何时候都可收回这个委派。从狭义上看，这更像是一种授权而非传承。

组织更换供应商时就是这种情况，例如更换账务服务商、IT 服务商、原料供应商、维保服务商等，只涉及整体事业中的一个分领域而已。如果组织是在自己内部做更换分源头的重大横向传承，其实就是结构上的调整和任务上的重组。当然，在任何横向组织调整中，总源头也需要小心谨慎并尊重其中涉及的所有人。

另一种横向传承是，分源头将总源头委派给自己的源头角色传给另一个分源头。当然这有个前提，就是需要有总源头的认可，需要交棒人和接棒人都满足上述的传承必备要素——真心真意的自由自愿、无法打包票情况下的笃定信任、哪怕有风险也会向前的以身涉险——只有这样，传承才会成功，接力棒才会稳妥地传递。

在“纵标咨询”公司有过这样的事。有一位伙伴找到我，说她想将自己负责的一些重要工作交给其他人，自己则专注做她觉得更有动力做的事，对公司来说也更有价值。其实是想对她负责的一块业务进行大改革，且对于她想转出去的工作，她已有相中的人选，那人可以在她指导下把这部分工作完

成好。毫无疑问,作为整个组织总源头的我欣然应允了她的这个“源头之举”,立马答应支持。没过多久,“纵标咨询”公司就发展出了一个新的平行业务团队。

还有一种情况,有时分源头离职后总源头特意不安排横向传承,利用职位空窗期来进行一些业务上的调整,对一些工作分派做出新安排。这时总源头会临时性地担任这个空缺的分源头角色,之后再委派给新的继任者。我的一位朋友就这样做过,他管理一个老年人照护机构,一位负责硬件设施的管理人员离职后,他自己先暂任这个角色,等他完成部门的一些人员设置调整后,才将这个分源头角色委派给其他人。

接下来我们谈纵向传承,这就是一个要么“全部”、要么“全不”的世界了。在一个成功的纵向传承中,总源头会将整个源头角色完完全全地交给接棒人,将所有项目、整个“场”、所有对分源头的委派全都交出去,还包括这项事业的灵魂、DNA、成就、历史、所有重大的事件、每个细节,也全都交出去。这时交棒人对接棒人的信任,已不只是站在这项事业今天上的信任,也是一种站在未来上的信任。假如交棒人对其中哪怕一个部分有所保留,整个传承都相当于没有做,因为总源头的“场”是个不可分的整体。

源头的纵向传承绝不是分蛋糕，马蒂娜·德尚[①]（Martine Deschamps）在书中写道：“源头的传承不是指法律、财务意义上的传承，而是一种非物质的、关于创造性能量的传承。”她提醒我们注意：“就算做了知识、权力、股权方面的万全打算，就算做了预算、财务、法人战略方面的十足安排，公司的交接过程也依然有可能彻底失败！”我们的一个客户就上演过这样一幕。他们是家大公司，收购了一家规模中等的中小型企业，然后让这个企业原先的创始人继续任该业务实体的总监一职。然而这个人并没有变成这家大公司下的一个“分源头”，由于他是将自己的整个企业卖给了这家大公司，他也就没有拿掉自己作为这个企业“总源头”的角色。之后几年经济都还比较景气，也就没有什么不好的事发生。但等发展出现问题时，大家才发现这个被收购企业的“总源头”其实还一直在做自己的东西，并不在整个大公司的版图之内，他将自己个人的使命愿景和价值观置于全公司之上。大家认识到这种不清不楚的状况不能再继续了，如果这个总监不把自己“总源头”的角色拿掉，并交给整个公司真正的总源头的话，那真正

① 在马蒂娜·德尚所著 *Planifier sa retraite ou sa relève... ça ne fait pas mourir!* 一书里，有一整章关于如何识别一个公司创源点的内容（原版第 95 ~ 110 页），其中有好几个关于源头传承、如何做好传承准备的案例，作者在书中把“分源头”（specific sources）称作“再创源头”（resources），这个叫法也很微妙。

的总源头就只好将这位所谓的业务伙伴及其企业从公司切割出去了。最后，公司真正的总源头不得不承认，在整个过程中，除了在法律意义上，这家中小型企业其实从未真正进入过自己公司的版图，也没有对公司产生过任何真正价值。

不交出总源头角色的情况远比我们想象的要多见，源头传承的失败也有很多种体现形式。在上述这个一团糟的例子中，公司收购那家中小企业时因为不懂源头理论出现的状况算是一种情形，那位创始人得以一直窃据总源头角色。还有一种情形是总源头自己决定的不传承，想在自己离开的时候让所做的事业终结，这是一种自主选择不传承的情况。这种情况下常常会发生比较悲惨的事，总源头的初衷也许是好的，但往往还不到那一天计划就被打断了：或是这项事业凋亡了，或是因源头的长期缺失导致局面乱掉了。这时，一项事业变成了“没有源头的孤儿”。彼得·凯尼格用被掷到地面的火炬来比喻这种总源头“跑路”的局面。火炬被掷到了地上，只冒浓烟，此时任何再捡起它的人可以让它再一次燃起，从而在捡起那一刻成为这项事业新的源头。这种情况发生在为我们提供账务服务的一位会计伙伴身上，她们机构的创始人突然离世，她决然地拾起了那个火炬，继承了创始人的工作。另外有些情形是，总源头对所做的事情已不再有兴趣，因而把火炬掷到了地上，他可能试图传承过，也可能从没想过要传承。但如果火炬被完全不同价值观的另外的人拾起了，那个人就会利用原有事业的资源再造一个新的事业，而且有重大的文化上的改变。最后还有一种情形，因为没有合适的接棒人，源头传承不了。我自己就有一个由我创始的协会，一直想把总源头的角色传承给下一位，到现在已经等了很多年了……身为总源头有时还特别需要有耐心。当然也不要忘了，在交出去或是决定终止这个事业之前，你一直为这个事业负有源头身份的全责。

总源头没有完成源头传承就“跑路”会怎样？这时留下来的人发起举措、推动举措将会比以前更费时。与之同时，除非有人去捡起那被掷在地上不再燃烧的火炬，否则整个事业将无可避免地开始衰落：活力渐失、方向混乱、失去动力、举措减少、意义感缺失、集体涣散，最终被衰亡阴影所笼罩，以至走向注定的只剩一口气的地步。这时的事业已无法从创源点的直觉中获益，也没有人站出来为澄清下一步的工作做努力，没有新的举措被提出，对所有的风险一概采取回避的态度。在这种情形下，由于源头传承不到位，参与式动力模式等一些新型治理模式也将岌岌可危，因为再也没有创源点来时时告诉大家当初为何要采取这样的管理模式了。

当然了，亲爱的各位读者，这样的事不会发生在你们头上，作为创源点的你们，读过了这本书，知道可以未雨绸缪，知道源头的传承是创源点肩负的重任之一，你们会坚决地把它传承下去，是不是？

最后一个问题是何时开启传承过程。这一点只有靠总源头通过他的源头直觉去嗅知时机，此外，与接棒人对话、自我反思，也可以帮助他驱散在这个问题上的疑云——这又是一个创源点在澄清下一步怎么走的过程，当然，这将是他最后一次做这件事了。当时机已到，对方也做好了准备，都具备了彼此自由、彼此信任、彼此都敢以身涉险的条件时，传承的时机就到来了。下一章，我们来谈如何进行传承。

第 8 章
Chapter 8

一步一个脚印，把源头传承好

前一章提到，源头传承如同橄榄球比赛中的传球，这个过程像新生儿降生般生死难料、命运攸关，这是一门艺术，需要精心准备、好好完成。纳塔莉·萨尔图－拉瑞的这个比方告诉我们，传球的时机一到，“传承过程”就开启了。

有些人对传承相当重视，早早就开始做打算。我们服务的一家公司的执行董事，在自己退休的五年前，就着手安排有关总源头传承的一项项事情。虽说那时谁将是最终的接棒者都还不得而知（这是他计划中后面的安排），他还是给整个集体安排了参与式动力模式的相关培训，尽可能为最终的接棒者创造一个好的集体环境。与此同时，他也开始修炼自己，学习谦逊和放手，为交棒那一天做准备。

可见，源头的传承要早作打算，以打消过程中的种种疑虑。而传承动作一步步该如何走，也需要创源点来明确，好让事业得以继续发展。这可以通过三方面来帮助完成：让直觉发声、以洞察反思、与他人对话（第 2 章），我自己就常乐此不疲地和准备做传承的创源点进行这样的对话。在传承过程中，需要把创源点个人的未来和事业的未来放到一起来看，这是一个一心一意的过程——用谦逊去呼应伟大、用激情来伴随责任、将合情合理的个人诉求与大捭大阖的个人慷慨相融。

准备必不可少，具体怎么交接呢？做法上从很正式到非正式之间存在很多选择。无论采取哪种做法，对交棒人和接棒人来说，传递那一刻都将成为他们余生不可磨灭的记忆，对有幸在场见证的其他伙伴来说也终生难忘。我就见证过一个非常正式的，也极其欢愉的传承现场。那是一家养老院前后创源点的传承，两人被同事和老人们包围着，济济一堂，大家都被传承的一刻深深打动了。那是一整天的活动，高潮时刻是两人的发言，当前任将一个标志性的物品交给后任时，在场所有人都知道，这一刻源头已经完成传承。

正式传承仪式的好处在于，对传承前后谁来承担源头角色有个清晰的分水岭，源头变更的信息也能即时且清晰地传递给所有相关人。由于前任是在万众瞩目下传承给新创源点的，新创源点也能很好地被大家接受认可。这一刻的共同记忆还将成为日后新创源点和其他伙伴抚今追昔、获取原初源头能量的源泉。

传承并非都需要这种正式仪式，也可以非正式地完成。办公室里的一次面谈、某次会后回家途中在车上的对话等，也能完成源头的传承。我自己就曾在一个电话中完成了接棒，一位总源头将其角色传承给了我（那是关于一所房屋的源头）。非正式传承要有效，唯一的要求就是交棒人和接棒人双方对传承的认可，彼此都做出了清晰的表达。

以上所说对横向和纵向传承都适用，尽管这两者在深浅程度上不一样。将事业的一部分横向传承给分源头的做法一般会是非正式的，但有时候正式一点会更好。我们的客户中有一家做工程的企业，他们一位团队主管就觉得对自己的角色认知不清不楚，认为企业的总源头从未很正式地告诉团队这部分的分源头角色给了她。等她后来在无所适从中把这话说出来时，总源头也很意外，因为总源头觉得之前所做的传承动作虽不是明说，也不是很正式，但在他看来足以表明确实已把分源头角色给了她。（这位总源头还问："那是什么时候的事了？"他完全记不起来了，光这一点就足以证明传承是有问题的。）在这一案例中，传承之所以未能完成，是因为没有给接棒者一个表态的机会。由此"顺理成章"地，整个团队也就无法围绕一个清晰的分源头凝聚在一起。这种情况，稍微正式一点的传承仪式能更好地帮大家明确。

无论正式还是非正式，最关键的一刻，都是交棒人和接棒人走到一个“共同的门口”的一刻：“那是一个划分了时间与空间、过去和未来、内部及外部的门口”。要走到这一步，需要双方都带入自由和信任，因为再下去就将是以身涉险的一步，双方都需要做好未来可能发生的各种情况的准备，相当于签发了一张未来可以写下任意金额的支票。走到这门口，万事俱备就等源头角色的传递时，这一刻的时间也仿佛凝固，直到交棒人完成他作为源头角色的“最后一次举措”。同样，在接棒人采取了他愿意作为新源头角色的第一步举措、作出响应的那一刻，创源点角色也就传承给了接棒人。

有位客户给我讲过一个他几年前经历的，在非正式做法下接受总源头传承的绝佳案例——一个星期五的晚上，很多同事都下班度周末去了，他还在办公室里工作到很晚。然后毫无征兆地，他们公司的总源头，也即公司的创始人和总经理（已过退休年纪）忽然就走到他办公室的门口——这个门口还真就是我们上面比喻用的“门口”，说道：“我觉得时机已到，由你来接任吧。”于是创源点的传承就这样完成了。

那么如何选择接棒人呢？这是个让很多创源点大伤脑筋的问题。创源点如果想让所创项目、运动、事业在自己离开后继续向前进，那无论如何都需要找一个人来承接，谁是接棒人的问题也就出现了。关于要找什么样的人，很多人会不自觉地把重心放在技能上，彼得·凯尼格则提出相反的观点，认为技能并非决定性的因素。具备某些技能当然是加分项，但仅凭此还远远不够，这些不过是锦上添花的东西，最为关键的还是“信任”。萨尔图－拉瑞说得好，“无论有什么技能或本事，传承中要紧的是一种信任，正是这种信任决定了传承的意义和价值，决定了传承究竟会走向生机勃勃，还是死路一条”。这种信任从何而来呢？它源自传承前的总源头对接棒者的一种深信不疑，相信他会尊重、关心和捍卫所创事业的内核及DNA，也即事业的愿景和价值观。如果接棒者对交棒者赋予这项事业的愿景和价值观（如果这项事业是由交棒者所创）或是对交棒者所感知到的这项事业的愿景和价值观（如果这项事业是由前任传承给他的）并没有同样的感知，那是成不了接棒者的，哪怕身上具备再多这项事业所需的技能和本领也无济于事。

另外，一个人哪怕不具备多少所需技能，但如果能感知这项事业的愿景、价值观与他个人的愿景、价值观相应，也能成为一个卓越的总源头角色。我身上就有这样的故事，我没有取得过师范教育类的学位，但这不影响我创办了一所小学，并且做了近十年的校长。倘使要等我花时间去获得相应的资质，也不可能产生这个创业举动了。别忘了前面提到的那句话，“他们没想过那不可能做到，于是他们做到了”。把一项事业做好当然需要技能，这自不必说，但总源头无须也不可能什么都具备，也正因此他才去邀请其他专业人才加入并成为其中的分源头。在判断总源头接任者是否合适时，第一位的考量因素肯定是他能否将这项事业愿景和价值观的大旗继续扛下去。

接下来是何时传承、传承什么的问题。首先，前一章提到，要传承的是一整个事业全部的东西——包括一项事业的具体内容（范围的大小、成就的多寡、资源、过去与未来）以及一项事业的主旨框架（通过愿景和价值观来表达的事业的 DNA）。此外还有另一个非常微妙的东西的传承，即总源头身上体现出来的那种感召他人、传播激情的东西。

传承中有些东西会一直不变，在总源头每次传承时都保持不变，由前任原封不动地传递给继任者，这体现了创源点身上守护人的角色，是他身上“权威”体现出的保护性的一面（第 4 章）；而有些东西则会在传承过程中改变，让事业能够因“时”制宜,这一点则体现了创源点身上引路人的角色——注意，创源点身上同时具有守护人以及引路人的多重角色。

传承过程中，本质和延续的东西是一项事业所具备的“场”，但这种“场”的绵延不绝并不意味着静止和固化，反倒体现在永不停歇的动态变化之中，根据总源头对事业外延大小的感知，时而扩张，时而收缩。只要有事业的存在，无论其大小，就总有一种“场”的存在。主旨框架中不变的是价值观，新创

源点通过发挥守护人角色将其传承。创源点对一项事业价值观的认识可以不断深入，但价值观本身却是不随时间变化的东西。

对主旨框架中其他的东西而言就不是这样了，其中的愿景就是一个不断演化的东西。新的总源头有权随着一些变化（无论外部还是内部）来调整愿景，在实现愿景的过程中，新创源点发挥着引路人（定义下一步怎么走）和创业人（首创一项举措、以身涉险）的角色。

最后，要传承的东西还包括在一项事业中感召集结同伴的能力。对每一位创源点来说，无论前任、现任，还是继任者，他们身上的这种能力都源于他们对一项事业的热忱。每位创源点都有自己的热忱，那是一个人的能量库，而每位创源点将这种热忱活出来的姿态又各尽其妙，强烈程度和流动程度各不相同。这种将人集结一处的能力，从交棒人传到接棒人的过程是不知不觉发生的。像星星之火一样，源头身上的那种激情与奋发，造成了他人被点燃的燎原之势。而每位状态良好（没有特别严重的源头病）的创源点（包括总源头和分源头）都具有这种追求一项事业的内在之火，这也是他力量的来源。即使这种激情的火焰小下去了，创源点也总能通过源头信道来再燃星火。

传承过程失败了会怎样？我们要小心分辨这里的用词，总源头或分源头传承过程失败之事的确且经常发生，然而事实是，总源头或分源头的传承永不可能“失败”——如果过程失败了,那说明传承本身根本不曾发生。也就是说,每项事业内核中都有一种保险机制:当创源点把源头角色传承给他人,而对方嘴上答应却没有实际地担当起来时(无论出于何种原因),源头的传承就不曾发生,创源点的角色依然在交棒人手中。这就是为什么说,任何项目、举措、事业、关系,“必有”创源点。无论职位如何变化,原来的创源点会一直担当源头角色直到真正的传承发生。

失败的传承过程,原因可能出自任何一方,或两方都有问题。例如,接棒人可能口头答应、心里却没答应,又或接棒人在真正担当起源头角色前就离开了那项事业。又如,从交棒人这边看,他可能“觉得”(有意无意地)已经传承,可事实上他没从事业源头的身份中剥离,一直纠缠其中。我认识一位做慈善事业的老创始人,他几十年如一日将自己投身于这项终身事业中,多次尝试将源头身份传承给他人均以失败告终。过程中不少接棒人都叫苦不迭——他最终没有接受任何人。直到最后,老创始人遇到了一位非常适宜的接棒人,个子高大、身材魁梧,得到了老创始人的信任,在合适的时间出现了,他们开始谈起传承的一些具体的问题。他们举办源头传承仪式的那天我也在场,我也为这位老创始人终于有了放手的勇气而高兴。几年后我从新创源点那里听说,在那次传承之后的一段时间里,老创始人曾一度试图撤回已经传承出去的一些东西，但没有成功——源头角色一旦传给了他人，传承就已经发生，前任是不可能收回的，除非接棒人自主地决定将整个事业再还回给他。

到此为止，我们说的都是创源点自己负责寻找继任者的情形，但在今天一些公共领域或是企业中，还存在另一种情形：由董事会指定且不允许前任参与其中。那会怎样呢？在一些情况下，这么做的组织也是基于好的出发点，认为只有这样才能让一些好的变革得以推进。这种情形在分源头传承上是没问题的，因为分源头传承理所当然是总源头的责任，分源头无须参与。当然分源头在总源头授予许可的情况下，也可以这么做。然而一个真正意义上的总源头的传承，没有前任的参与是不可能发生的，至少需要前任的知情同意。别忘了，“源头”是无法被篡夺的，只可以被传承。

其实这个问题是因为董事会混淆了卸任者身上两个不同的角色造成的，一个是源头角色，另一个是管理角色。董事会不想让当事人参与其中的，通常不是指其源头角色（这是一个最终托底的角色），而更多地是指他身上的管理角色（因为这本来就是要被卸下来的东西，所以他不该参与选任继任者的过程）。做出这种决定的“决策者”（执委会、董事会成员等）忽略了“管理职能”（委员会的确有权任命）和“源头角色”（只有交棒者本人才可能去传承）是完全不同的两个概念，所以才会在任命新总经理时，忽略了这个人同时也应该是一个创源点的事实，结果导致组织陷入了一种困难的境地：新的总经理是把前任的职责都接过来了，但却没有接过总源头的角色。我们非常不建议这么做，不仅因为在这种情况下新总经理将面临一个“不可能完成的任务”，而且组织从此以后将无法得到总源头关于下一步怎么走在直觉和洞察方面的滋养，从而自毁前程、慢慢凋亡。

其实这个问题是有解的，但这个解取决于总源头即便被排除在选任流程之外时，还能否处理好源头传承过程中的那几大要素（自主选择、信任、愿意以身涉险）。我所陪伴的一位领导者在临近退休时有过类似的事，他负责的业务从属于一个更大的组织，虽说他这块业务或多或少相对独立，但他还是被排除在了选任继任者的流程之外（这是公司的规定），他们董事会也不懂“源头”的概念。我和他一起研究了之后觉得，即便他被排除在选任过程之外，还是有办法将总源头身份在“具备信任条件”的情况下传承给继任者。由于人与人只能在相互认识了解后才可能产生信任，这样一来让他与后任（一位外部空降的女士）相互共事一段时间就变得非常迫切了。于是他向董事会提议（此处正是这位源头人物在“以身涉险”），在自己卸任之前三个月先让继任者入职，以便他们进行文档交接。这三个月过后，他的内心笃定了，决定（这是“自主选择”要素）将源头角色传承给这位继任者——整个过程中，董事会并不知道所谓的文档交接不过是他为了让源头角色更好传承的一个策略而已……我在想，如果这位继任者现在读到这些文字，肯定会非常感激那位前任的，他智慧地绕开了挡在源头传承过程中的障碍，为了更大意义上的公司的好做出了这样的举措，也帮她更好地担当起了总源头的角色。

在继续阅读后面文字之前，各位读者可以自问一下，自己所在组织在选任高管职位时有什么样的规定，有考虑过源头角色传承的问题吗？

上述案例中，如果前任总源头对继任者没有信任，自主选择不传承，这要怎么办？如果这样，前任仍将作为总源头存在，但他离开岗位后就无法参与到业务中了，在这种情形下发挥源头作用会变得相当复杂——身处事外的他如何充分获取有关公司运营的一些敏感且重要的信息？就算能够获得，也产生了关于下一步如何走的想法，又如何让其他同事清楚地知道呢？他又如何确保这项事业的主旨框架（愿景和价值观）得到遵从，且推动了所有人的工作态度和工作行为呢？如何能够继续关注这个事业的“场”，发挥总源头的作用，在某些领域将分源头角色委派给一些人呢？

当总源头这个人已不再身处业务中时，无论承认与否，他依然和这项事业紧紧相连，依然是这项事业的源头，而且依然负有源头之责。这种情况下，创源点可能真的会生“不作为”的病（第3章）；还有可能导致另一种病即

“被迫不作为”，即事业中的其他伙伴不承认其源头身份。而一个不认源头的组织——可任何组织必有源头——终将不知所终，没有创源点在组织中发挥积极作用，组织也行将凋零终结。

显然，让一位创源点身在事业之外的做法实不可取，如果不得不这么做，除非有一个中间人在这项事业和创源点间起到中继站的作用，彼得·凯尼格把这个人称为“源头代言人”（source representative），作为总源头和一项事业之间的桥梁存在。这种角色的出现其实也是个自然过程，并非创源点和代言人有意为之：当创源点已经无法身处事业中时，这两个人会觉得需要保持某种联结，好让这项事业继续前进，因此在他们之间会自然而然地保持共事关系和朋友关系。当然了，这种情况下，代言人这个角色很不好做，而创源点以间接方式作为事业源头的存在也是不得已。但如果也只能这样，至少那项事业还能在创源点无法身处其中的情况下继续存在下去。

在极少数的情况下，假如创源点预先知道这种情形不可避免（比方说，如果他学过源头理论的话），可以亲自安排那个代言人角色。这个代言人必须是关键岗位上的伙伴，能知晓一些重要信息，且必须是对这项事业的前进有足够影响力的人，这样他才能做到在将重要信息转达给创源点的同时，将创源点对下一步的感知再转达给组织。总之，代言人通过这种方式，帮助创源点保住了一项事业的生机和活力。但彼得·凯尼格也提到，不幸的是大部分情况创源点在离开一个组织时（尤其是被迫离开的情形），都会觉得自己已不再是事中人，所以也不会想到要从自己原先的事业伙伴圈子中寻找一位代言人。如果这样，当这项事业中的其他伙伴看到事业的发展可能不妙时，也可以自己站出来成为源头代言人角色，主动地与创源点保持信息互通，向他了解下一步这个事业该怎么走。通过这样的方式获得如何发展的重要信息，并传递给还在做这项事业的伙伴们，使事业回到该有的轨道上来。

最后我们来说一说两人伴侣关系中创源点的传承问题。第 5 章提到，通过两人彼此之间的有取有予，会发展出两人间不同的源头关系，其中任何一方都可能时而是总源头，时而是分源头。如前所述，首先发起行动、首先涉险求进的一方是“这对关系”的总源头，而接受对方要约、让彼此关系得以成立的另一方则是这对关系的分源头。有些情况下，会出现总源头无力承载让这段关系继续向前发展的情况，我们的一次源头理论培训上有位学员就是这种情况。那位学员由于生病，不得不把主要精力放在治病上，在他学习源头理论之后，关于他们之间的关系如何发展下去，身为总源头的他就找伴侣深谈了一次。他们决定由他的伴侣来担起他们关系发展的总源头之责，这样一来总源头角色就被传承了——换言之，他们双方交换了总源头和分源头身份，生病那方变成了这对关系的分源头。他康复后，他们决定继续保持不变，因为这样的状态让双方觉得都不错。

当然，伴侣间源头角色的传承问题并不限于这种关系层面上的总源头身份转移（包括与之对应的责任的转移），也可以发生在随着关系发展下去产生出来的其他事情上。现在我们学习了伴侣之间如何传承源头、如何变换源头角色的知识，也许以后离婚都会少一些？

第 9 章
Chapter 9

传播源头，不求回报

最后还有另一种“传承”要谈，但不是关于源头角色的传承，而是关于源头理论的“传播”。读了本书大家也许会发现，源头理论非常丰富，可以帮人们理解一个人在事业、项目、人生中要担当的责任。读到这里，各位可能也会有一种感觉，觉得自己和自己身上的源头角色变得更近了，这是因为你看到了源头的重要性——如果这样，那么接下来你也可以将这些原理与自己身边一起生活、一起工作的伙伴进行分享。有句源于柏拉图的谚语是这么说的，“好东西自会不胫而走”[①]（《蒂迈欧篇》），本书读到这里，各位明白了理解并运用源头理论的好处，自然

① “好东西自会不胫而走”（Good stuff spreads by itself），这个说法在西方哲学史上曾多次出现，从柏拉图（公元前 5 世纪）到托马斯·阿奎纳（公元 13 世纪）都提过，这种“好东西”自身具备内在传播力的说法一直让我觉得很神奇，这种情况下人们越是给予出去，好的东西反而会越多。这不也同“源头”一样吗？一直喷涌，永不停歇。

也就会想把它传播开去——这也是我写这本书的原因，当人的内心充盈着一些理念时，这些理念也会从我们内心涌出，流溢四方。

所以，就将这些理念传播下去吧，也许在某个地方能帮上大忙。在人们开拓事业、组织、项目、关系时，源头理论能帮助澄清各自责任，让每个人都各归其位；能帮我们发现阻碍事情向前进的源头病，帮我们克服这样的病；能让我们变得更富创造力，更加努力地为事业的前进积极设定航路在一个集体中，源头理论能让我们更好地看到每个个体的担当，让彼此更好地在一起工作；对于即将成为创源点的人，这些理论还将增强他们的勇气，给他们以力量，让他们迈出开创先河、以身涉险的一步，把直觉中感知到的东西转化为现实。

也许大家都见过那种充满善意的人，有一种好的东西仿佛在从他们身上自然流出，传播源头理论的人也是如此。当然这里所说的传播并不是灌输之意，萨尔图 - 拉瑞解释说，“灌输”意在“用强迫的手段复制另一个自己”，而“传播”则永远以对方的自由选择为前提，“给人以完全的、个体自主选择的能力”。源头理论所讲的东西本就是以最根本的自由为基础的，每个人的首创之举、以身涉险，每一次选择走出的下一步，每一次源头的传承，无不体现着自由。源头理论之所以能得以传播，是因为其中的道理映照了人们的经历，而理论的存在不过是让我们在一起探讨这些道理时有彼此相通的语言，方便我们在理论与现实、在理论框架与实际行动之间更好地进行对话。大家彼此探讨源头理论，向其他人传播源头理论以期照亮他们所经历的事情，这本身不就是让好东西传播的一种最好方式吗？因此我们都该感谢彼得·凯尼格，感谢他创建了这套关于源头理论的语言体系，让大家得以知晓。

传播源头理论是个体的行为，但也包括集体层面的意义。就让我们把组织中的“管理角色”与“源头角色”相对应起来吧。近些年，有些公司和机构中出现了新兴的参与式组织治理模式，其中比较突出的有“自由企业”[①]、“进化－青色型组织”[②]、“全员共治”[③]、“合弄

---

①“自由企业”（Freedom Inc.）模式的核心观点是最大限度地给予员工自由，员工会报之以公司更高的生产效率、更多的利润和更强劲的发展。“自由企业”模式由布莱恩·卡内（Brian M. Carney）和艾萨克·盖茨（Isaac Getz）在《自由企业》一书中提出。——译者注

②“进化－青色型组织”（Evolutionary-Teal Organizations）简称“青色组织”，是一种革命性的新型管理范式，一种将组织视为有机生命体的组织世界观，通过追寻代表了组织存在的意义的宗旨以及身心完整的状态为依托，建立一种基于同侪关系的自主管理系统，用组织这个机体自身的感知与回应取代机械的计划、预算、目标和激励机制手段，从而让组织自身在面对复杂的内外部管理环境时能自主运行、自主进化。青色组织概念是由弗雷德里克·莱卢在《重塑组织》一书中通过案例总结提出的。——译者注

③“全员共治”（Sociocracy）是由杰勒德·恩登柏格（Gerard Endenburg）提出的一种组织治理模式，在其中文版网站上也译作“全员参与制”，这种组织治理模式有四大原则：（1）知情同意决策法；（2）通过半自治的圈子所形成的自然层级构成整个组织；（3）圈子互连，圈子的一位成员既是自己所在圈子的当然决策参与者，也作为上一级圈子的当然决策者参与其中；（4）经由公开讨论，用知情同意法来决定谁承担什么角色和责任。——译者注

制”[①]、“参与式动力模式”等，我认为采用这些治理模式的组织要想取得成效，需要将源头理论整合于其中，只有这样才能既减去科层制的厚重，同时又尊重创源点的责任。在“纵标咨询”，在我们传播参与式动力模式的过程中，也会强调这种平衡。当我们将源头理论整合进参与式动力模式之后，这一模式达到了更深的深度，提高了内在的一贯性，增加了影响力，获得了长足发展。可以预见在未来十年，在弗雷德里克·莱卢的启发下，肯定还会有其他新的治理模式出现，莱卢在《重塑组织》一书出版后拍摄的后续视频中[②]，也增加了关于源头理论的介绍。有关“源头”和“创源点”的理论语言体系已经确立，这将成为很多治理模式理论不可能不提及的理念，这也是要广泛传播源头理论的另一个原因。

---

①“合弄制”（Holacracy）治理模式彻底摒弃了一般公司的传统科层制组织架构，将市场营销、人力资源、客户关系等具体工作职责分散到一系列工作圈中，是一种由“角色”来承担工作的管理系统，把以前的由“人以及固定岗位”来定义工作转变为“围绕工作任务”来定义工作，组织架构去中心化，员工重新自由组合成一个个的“圈层”（小组），每个人选择自己的职务和目标，通过组织制订的“宪章”规定权力如何分配，通过一套独特的决策流程不断更新角色、通过一套特定的会议流程用于实现团队共享合作及共同完成任务。这一理念由布赖恩·罗伯逊（Brian Roberson）在其《重新定义管理》一书中系统地提出。——译者注

② 弗雷德里克·莱卢的《重塑组织》一书问世后，全球有很多组织因此走上了改变管理范式之路，过程中遇到了不少实践问题，于是莱卢又拍摄了一系列视频共 130 集，回答一些典型的实践问题。此处所提关于莱卢补充介绍源头理论的视频，就是在这个系列的第 1.10 集视频《新型组织的高管角色》中介绍的，具体可参考“青涩舍”微信公众号上发表的中译版视频全集，以及由颉腾文化策划出版的基于这些系列视频汇编翻译的作品《重塑组织实践篇：组织进化之旅的沿途洞见》。——译者注

21 世纪初彼得 · 凯尼格就开始传播关于源头的基本原理，得益于一些钟爱这个理念的其他伙伴的贡献，这一语言体系得到了长足的完善和丰富。这个完善和丰富的过程仍在继续，也邀请各位都参与到这一发展演化的历史中来。我们对源头理论的了解越是广阔，就能越好地进行沟通和传播。须知，最好的传播方式，是自己将这些理念用起来。让我们相互支持，在所创立的事业、活动、关系中，都成长为身心完整的创源点。

尾声
Epilogue

这也是爱的道理

结束本书旅程前，我们再次放眼全书内容。我们用三个部分向大家介绍了源头的初遇、分享、传承，这也代表了一个人在人生中要经历的迎来送往。

把源头角色活出来的过程，是一个令人欣悦的过程。它让一个人走向自我实现，学会付出给予，可以说，这就是人通过给予而走向自我实现的过程。一个人听到直觉的声音，率先有所行动并以身涉险，用一个想法去集结一个集体，然后持续不断地澄清下一步，这个过程正是创源点对一种深沉的起心动念、对一种内在召唤作出响应的过程。那是源头的召唤，这个召唤给我们的行动和存在赋予了意义——我们作为一个源头在做这些事时，同时也是在做关爱自身的事，在活出快乐而圆满的人生。它让一个人在走向完成的同时，也不遗余力地让创立的事业得以实现，不仅关注事情本身，也关注让事业得以实现的集体和其中的个体。这里说的“给予”是个实实在在的概念，是我们对内心召唤做出的一种具体响应。将自己的行动与那个召唤对标，把充盈了自己内心的东西分享给他人，从而完成自己，有如汩汩流淌的源泉一样。总之，创源点只有“给予”才能完成自己作为源头的使命。

“给予”是爱，在成为身心完整的源头的过程中——无论是微末小事的源头，还是宏伟事业的源头——创源点都进入了“实现与给予”“生发与息止”的动态关系之中，这是爱的一种强大表达：创源点既热爱这项事业，也爱其中的人；而担当源头角色的他，在意义感中沉醉、在成就感中酣畅，所以，这也是在爱他自己。总之，我们可以毫不夸张地说，关于源头的道理也就是关于爱的道理。

有哲学家说，“爱只循着它觉得好的方向而去”①。换句话说，如果人爱一个东西或一个人，那个东西或那个人肯定是他觉得好的。对创源点来说什么是好呢？眼见发起的事业舒展开来、项目走向成功、公司走向繁荣、关系开花结果，所有这些让人走向完成的东西就是“好”，“好”在他能实现自己的使命、他的行为能体现他的价值观。爱出者爱返，福往者福来，经由这种爱

① 这一说法源自著名的哲学名言“‘好’是‘爱’的肇始处”，托马斯·阿奎纳在《神学大全》中提出了这样的说法，另外亚里士多德和圣奥古斯丁也有过类似的说法。——译者注

的礼赠，创源点让这一切得以发生，这是对他所做事业激情的最美的表达。

但爱却不是件容易的事，创源点也可能经不起诱惑而小我膨胀，变成“伪源头”，变成暴虐的人，变成不作为的人。这些源头病将导致一种“主从关系”，挡在创源点及其事业之间、在创源点及集体中的个体之间。如果这个“集体”是一对伴侣的话，带来的伤痛可想而知……这些病不可避免地让创源点视他人为达成目标的手段，对待他人不是“以心相迎”，而是“为己所用”，这断断不是爱的法则。当然了，能成为有用的人是件好事，能认识到他人可以派上大用也没问题，然而这些都有一个前提，那就是我们永远不可忘记对方是一个“人”——这是一个终结了的定义，我们无法再工具化一个人，无法再将人作为完成目标的手段，那种情况下我们是无法真正去爱一个人的。伦理学家卡洛尔·沃蒂拉（Karol Wojtyla）[①] 所说“利用和爱不是一边儿”,就是这个意思。至此，我们触及了创源点角色中一个非常根本的前提：他需要时时刻刻觉察并消除自己身上的“伪源头”姿态，尤其要觉察自己已经不再对外“给予”的状况，终

① 1960 年，卡洛尔·沃蒂拉（后成为基督教宗若望保禄二世）在《爱与责任》一书论及“个人的规范”时提出了“爱和利用不是一边儿”的说法。他指出，对待“人”这种存在，唯一恰当且合适的姿态就是“爱”，因此，将人当作一种工具来使用是不正当的。另外，他还在著作中提到“将自己给予出去”的重要思想，这是他从第二次梵蒂冈大公会议公告中“人如果不能真诚地将自己作为礼赠，就不可能完成他自己”的那句话中得到的启示。

日乾乾、夕惕若厉，才能一步步地走向爱的一边儿。

学习源头理论，把它活出来，做到无往而不利。没有人强迫我们遵循这些原理，但带着觉知运用这些原理——我们已经发现了这样的现象——可以让人反思并体验到一些灵性层面的东西。每位创源点最终都会发出这样的疑问：他们听到的那些让他们成了源头的东西，那些直觉、灵感、起心动念是从哪里来的？他们身上那种让事情最终得以做出来的能量，是从哪里来的？让他们聆听的那个信道，在信道另一端的又是什么呢？他们已在冥冥中感觉到，在他们这些源头之上还有一个“本源”—— 利特·巴赛（Lytta Basset）用了 Source 这个词（首字母要大写）[①]，这很可能正是人们探究“本源”的开始，也许将为我们打开一个全新的世界。这条灵性之路已向每个人发出邀请，个人依喜好和方式的不同，按自己的节奏走上这条路。

现在我来回答一下之前的一个问题——这本书副书名为什么叫“红宝书”。也许会让人想起荣格的《红书》[②]，但本书既不谈政治，也不是心理学专著——可能大家已经感觉到了，共同点是，这其中都有种革命性的东西：假如人人都

①“本源的直觉”“追寻本源”的说法见于利特·巴赛所著《我所追寻的本源》（*La Source que je cherche*）一书（Albin Michel 出版社 2017 年出版，第 24 页、第 10 页）。

②《红书》是由瑞士著名精神分析学家荣格于 1913—1930 年写的一部著作，但直到 2009 年才得以出版。

有意识地将源头理念活出来，这个世界的面貌兴许会不同。

一本关于“源头”的书，也许用源头之水的蓝色来象征不是更合适吗？但是，象征渴望、能量、给予、爱的，不该是红色吗？红色象征和代表的还不限于此，红色象征了行动的起止，它是血的颜色，是神圣的颜色，是激情的颜色，是生命的颜色，也是“心”的颜色。关于源头的道理就是关于爱的道理，还有比这更令人叹为观止的吗？只要这个世界有勇敢的创源点的存在，有他们站出来，有他们首开先河，有他们给予的爱，这世界就总有可能。

愿源头的活水在各位的项目、事业、关系、梦想中自由流淌，从而让各位的项目、事业、关系、梦想熠熠生辉、蓬勃不息。

那现在，就让作为源头的我们行动起来吧……

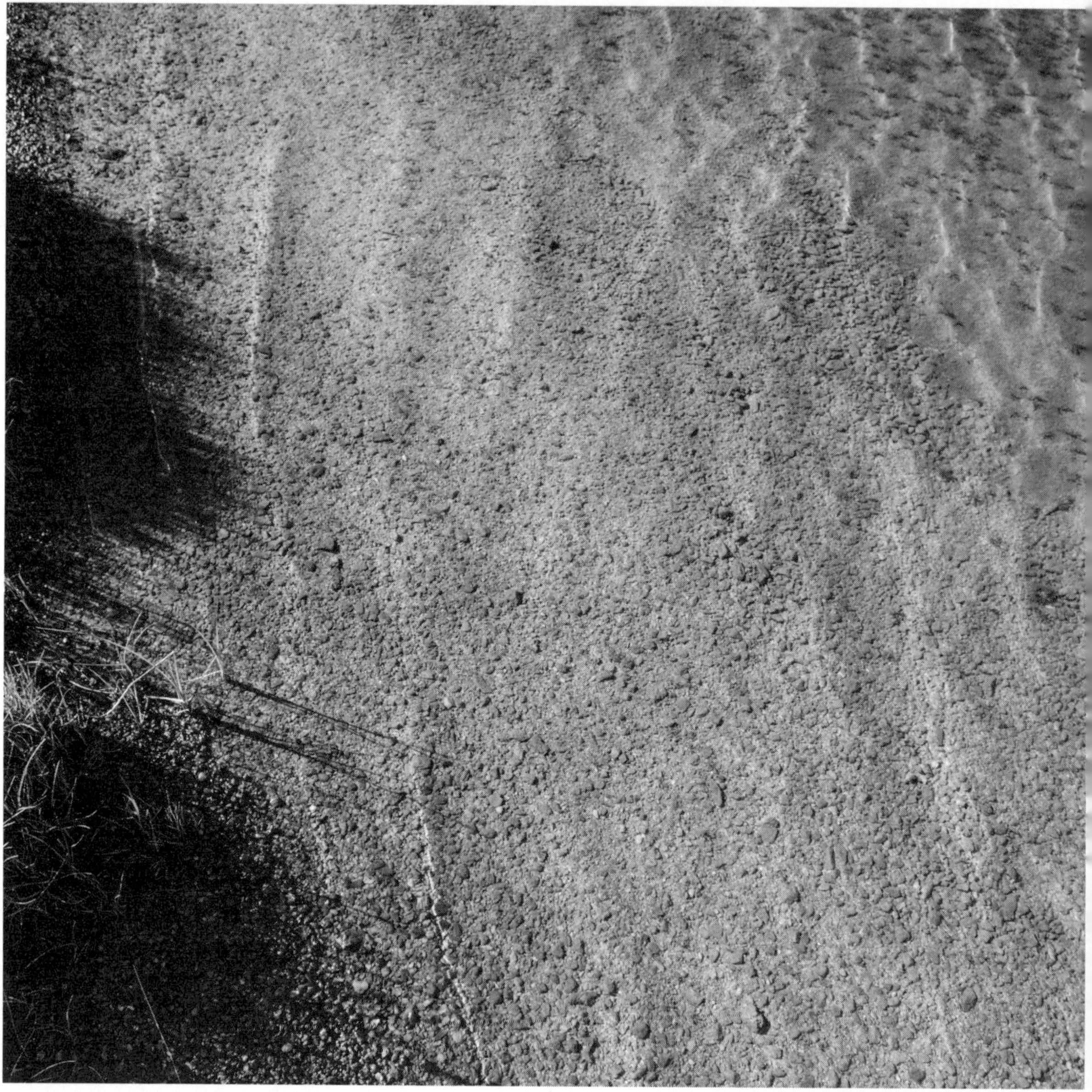

本书插图的故事

Images and words of source

在山的垭口处我寻到一条闪着微光的小小水源，甚至还称不上是流水，返照着秋天的日光，携着阳光明亮的纹路沿坡而下。我跟随它的足迹一路向下，想找到一处可以与它好好亲近的地方，准备在那里卸下背包扎营。

在那流水无声处（不知是山的选择还是水的选择），它把自己献给了上面的蓝天，在岩壁投下的影里渐露微光。要不是看到它流经第一处陡坡时激起的漩涡，我几乎无法想象这细瘦的水流后面会变成一条山涧。我用瓶子装了一些，喝了一口，继续顺它而下。冲过小小的石头，溅起小小的水花，它流淌着，与大山互语：汩汩、潺潺、淙淙……交响相继，它倾心献唱。我任由自己沿着它歌喉的方向而去，听这源头之声，无数次越它而过。在有的地方，它躲进石堆下面，隐去了行踪，添加了神秘。再继续往下流，其他支流汇入，它有时自己也稍稍跑偏一下，去与岸边遮映它的宽叶香蒲相会。

当然，等后面它越流越大时，在地图上就开始有名字了。那是想用它做路标的人、没有和它亲近过的人取的名，可我现在只想知道我们相遇时它的乳名。这次相遇让我应接不暇，要竖起耳朵听，又要构图拍照，又要去感知这图景带给我的启示——那来自远古的宁静，那根植于大山的自由，那沁人心脾的野性魅力。没错，水、矿物质和生命成就了它的畅快，也成就了我的畅快。从某种意义上说，我拍下的照片就是对畅快的回响。此时晚霞正层层淡去，白天向黑夜交班，我也展开睡袋，贴地而卧。这时流水的歌声听不到了，氤氲的雾气和我一起沉在了那被月光漂白了的寂静之中。

半夜里我被寒气叫醒，以为那条流水消失不见了，于是在夜里起身，拾步寻觅，才又听到了它的声音。星光下的它变声了，那是一种凝望的声音。在困倦和寒冷的拥揽下，我再次睡去。

夜尽日出，新的一天开启了。在河水渐宽的一处地方有一个小小的高山湖泊。我沿湖岸而行，水浪拍岸，那儿有小青蛙，还有小蝌蚪。湖水流下去之后又变成瀑布，水声震耳，万有引力展示着它的神威。

沿河流又走了几个小时，我来到一处徒步服务区，这条河有了具体的姓名，有了确切的用途，在地图上是一条虚线。继续再往下，它无声地汇入一条古河道，又成为旅游景区的一部分，塑料桌布、锡箔纸开始出现……这条河被机械化的气息驯化，忘了自己的名字，悄悄地迷失了。这让我想到公交车上自动播报站的语音系统，抹掉了人的乡音，数字语音报出一个个破碎的地名。我听到，人在叹息，那源头也在叹息。那峰峦、那昨日的闪着微光的水之源头离我似已有万里之遥，而我酸胀的腿也仿佛证明它的确不近。

我带着那见证过源头之声的照片与这里作别，在回程的火车上翻看。我想把这些照片给斯蒂芬，想到这些照片会收在他写的红宝书里，我心情激荡。书中的源头理论时常启迪着我，让我在自己发起的事业中奋发向上。

在我瓶子里、在我血液里，那小河之水依然还在；在我字里行间，那源头之声也还在。我会再回来的，回来充充电，回来再次与源头相接，去聆听源头召唤，无论刮风下雨还是朗朗晴天：勇敢创造，信马由缰，生机勃勃！

纵标咨询顾问、摄影师

文森特·德尔福斯

于瑞士瓦莱州

致谢

Acknowledgments

本书法语版最初于 2019 年出版，2020 年出了德语版，当准备用彼得 · 凯尼格的母语出英文版时，正是他，这位“源头理论之父”，向我推荐凯伦 · 史密斯来做翻译，凯伦是彼得 · 凯尼格的老朋友，也住在瑞士苏黎世。

与凯伦 · 史密斯的第一次碰面是 2019 年 10 月 24 日，在苏黎世的利马特河沿岸特色街区，我特意选了一家名为“法国人咖啡屋”（ Café Franzos ）的咖啡馆见面，作为本书英文版翻译之旅的起点（在苏黎世方言中，Franzos 正是“法国人”之意）。凯伦 · 史密斯常与彼得 · 凯尼格探讨源头理论，她对这个理论已颇为熟悉，我们见面之后她答应先翻译一章试试。不久我就发现凯伦 · 史密斯是一个相当聪明、个性鲜明的人，为找到最为贴切有力的英文来表达原版中的理念她孜孜不倦、不遗余力，力求精简又忠于原文。

我们旋即决定通过视频会议的方式，用实时共享的在线翻译文档来彼此合作。那时正赶上新冠疫情，她居家隔离被困在法国南部，我们也就没有给这个翻译项目设定具体时限，只觉得可能会要很长时间。与此同时，我在瑞士的“纵标咨询”公司也不得不暂停所有培训和工作坊，达数月之久。在这种情况下，我们反而得到了平时忙忙碌碌的工作生活中最匮乏的东西——时间。我俩有了时间，于是开了一个又一个视频会议，不知不觉中所有章节的翻译就这样宣告结束了。然后我们又反反复复进行斟酌修订，以期翻译的文字明快易读。我们俩之间开了不下 30 次的视频会议，我已数不清有多少次我们被凯伦发现的一些好笑的东西惹得前仰后合，又有多少次我们因英法两语之间那恍若莫里哀和莎士比亚间不可逾越的文字隔阂而找不到合适的词时的几近绝望，又有多少次因我们的坚持不懈找到解决办法而长舒一口气、喜不自胜。

经过了这些，凯伦·史密斯慢慢地也就与原作想要发出的声音和想要表达的思想同频了，她自己成了将这些声音和思想用另一种意象、另一种声调、另一种色彩来表达的创源点，也只有这样才能更好地让英文读者把握想要传递的声音和思想。我想披头士乐队和宜家家居在进入不同文化的国家时也是这样小心翼翼的吧。在这个过程中,凯伦需要不断地找我明确一些表达的含义，甚至帮我改进了原版中的一些语句和段落的写法。总之，她的有所作为和涉险求进，让这本书得到了很多改进，尤其还要面对我这个以不善变通著称的人。

对于她在这段旅程中所投入的那些激情、能量与技能，我的感激之情难以言表，通过这本书的翻译能结识这样一位朋友我真是有幸。

在英文版最终完成翻译并出版之际，先后有四位伙伴试读了译文并提出了修订建议和反馈：先是英国“谦逊先锋”（Unassuming Radicals）咨询公司的塔什·斯托拉德（Tash Stallard）；然后是和我一起参加彼得·凯尼格源头理论高阶课程的一位同班同学，她在自己的职业生涯中也运用源头理论，且有很多研究；最后是凯伦·史密斯的两位同事简·里德（Jane Reed）和安德鲁·巴尔斯（Andrew Barrs）——在试读过程中给我们提了一些公正的批评建议，是他们帮助改善了本书的阅读体验。最后，彼得·凯尼格自己也通读了全书，以确保各位手中拿到的这本书的语言文字准确表达了一些理念的原意。对以上这几位提供的巨大帮助，我深表谢意。

就在我快要完成本书这部分写作的时候，彼得·凯尼格又写邮件告诉我，还有一个人要感谢。他就是“关系组织及哈格罗夫联合会”的《大师级教练》一书作者罗伯特·哈格罗夫。当年彼得·凯尼格正是在罗伯特·哈格罗夫那里第一次听他用“源头”这个词来表示一个组织的创始人，而彼得·凯尼格也是在罗伯特·哈格罗夫 1981 年给热尔韦·鲍彻（Gervaise Boucher）做“关系工作坊”时结识凯伦·史密斯的，也是在那个工作坊上彼得·凯尼格把安德鲁·巴尔斯介绍给了凯伦·史密斯他们团队。这一段朋友关系、同事关系的演绎，恰恰实证了源头理论里提到的那种自然之美。在这一连串与“源头”相关的因缘中，若没有发端处的罗伯特·哈格罗夫，若没有彼得·凯尼格近40年的深思熟虑的思考和孜孜不倦的研究，也就不会有我现在写下的这些文字，大家也就看不到这本书的问世了。

等凯伦·史密斯再次回到苏黎世和英文版走向英文读者之际，我俩该到哪里去庆祝这段翻译之旅的结束呢？这段旅程起于“法国人咖啡屋”，那是不是该找个有英国风味的地方来作为结束时的庆贺之所呢？是去“詹姆斯·乔伊斯酒吧”（James Joyce Pub），还是去“南脯烧烤”（The Brisket Southern BBQ），或者去“汤一碗”（Just Soup）呢？创源点在思考，下一步要怎么走。你看，源头理论又来了！

附录
Appendix

初步文献资料

关于源头理论的第一篇文章见于娜捷日达·塔兰切夫斯基（Nadjeschda Taranczewski）[①]2014 年 1 月在《莫比乌斯环杂志》（*The Mobius Strip Magazine*）（2014 年冬季刊，第 55~57 页）上发表的《组织里的源头角色》一文，2015 年她发表了这篇文章的修订版《最初是谁的主意？——组织里的源头角色》。

提到创源点的第一本出版物是加拿大一位帮助组织领导者做退休规划的顾问马蒂娜·德尚所著法语书《准备退休，还是准备传承？——没什么不好面对的！》（*Planifier sa retraite ou sa relève... ça ne fait pas mourir*！），Un Monde Différent 出版社 2017 年出版，其中第 95 ~ 110 页论及"创源点"。

① 娜捷日达·塔兰切夫斯基是德国柏林一名为企业转变新型管理模式提供咨询服务的高管教练、顾问、培训师，创办了"Conscious U"培训公司，获心理学硕士学位，国际教练联盟 ICF 认证的大师级教练 MCC，麦肯锡认证的变革管理引导师，著有 *Conscious You：Become the Hero of Your Own Story* 一书。——译者注

在蒂姆·费里斯（Tim Ferriss）的《导师天团：来自全球顶级牛人的简短生活建议》[①]（*Tribe of Mentors*：*Short life advice from the best in the world*，Houghton Mifflin Harcourt 出版社 2017 年出版）英文原版第 58 ～ 59 页，采访格雷厄姆·邓肯（Graham Duncan）[②] 时，格雷厄姆·邓肯有一段关于“源头”的讲述很有意思，他用自己的经历证实了源头理论中的一些内容。

弗雷德里克·莱卢在《重塑组织》(*Reinventing Organizations*：*An illustrated invitation to join the conversation on next-stage organizations*，Nelson Parker 出版社 2016 年出版）中提到了彼得·凯尼格的源头理论（英文原版第 164 ～ 165 页第 20 条注释)。莱卢出版《重塑组织》一书后又录制了实践篇系列视频，在视频中他进一步详述了对源头理论的理解，正式介绍了“创源点”这个概念(参见他录制的《沿途洞见》系列视频的第 1.10 集《新型组织的高管角色》)。

汤姆·尼克松于 2020 年夏出版了《源头理论：使命驱动型创业者与领导

---

① 蒂姆·费里斯是《纽约时报》排名第一的畅销书《每周工作 4 小时》的作者，《导师天团》是一本他采访的 130 多位世界顶尖人士关于他们行事方式、策略和习惯的问答录，其中包括耳熟能详的创业者、登峰造极的运动员，另外还有艺术家、腰缠万贯的投资家等。——译者注

② 格雷厄姆·邓肯是英国一位面向非营利组织提供管理咨询和教练支持的顾问，在慈善领域工作长达 20 多年之久，为一些慈善机构提供咨询、管理、顾问服务；在此之前，他曾在金融科技型创业组织中出任 CEO，为商业企业和跨国金融机构提供管理咨询服务。——译者注

者实用手册》（*Work with Source：A handbook for movement leaders and purpose-driven entrepreneurs*）一书，该书以彼得·凯尼格的源头研究为基础，旨在为创源点在实现伟大梦想、集结共事伙伴、妥善处理金钱关系、在该放手时学会放手等重大阶段提供实用帮助和支持，是一本有关源头理论的重要文献。该书启迪人心，非常实用，包括四个部分：创造之场、创造之流、创造与组织、创造与金钱。

有关源头理论的培训及顾问资源

“纵标咨询”公司，本书作者斯蒂芬·默克巴赫为该公司的总源头，提供法语、英语、德语、意大利等语种的与源头相关的培训、工作坊、专业共修营、创源点个体支持等相关服务（线上和线下方式），公司位于瑞士的吉维谢（Givisiez），应邀也可到其他地方提供线下支持。